Beiträge zu Geschichte, Lehre und Leben

der apostolischen Gemeinschaften

Nummer 1

Theologische Entwicklungen der Vereinigung Apostolischer Gemeinden (VAG) von 1956 bis heute

Meilensteine der „Vereinigung Apostolischer Gemeinden“

Volker Wissen

Beiträge zu Geschichte, Lehre und Leben der apostolischen Gemeinschaften

Nummer 1

Theologische Entwicklungen der Vereinigung Apostolischer Gemeinden (VAG) von 1956 bis heute

Meilensteine der „Vereinigung Apostolischer Gemeinden“

Volker Wissen

Re Di Roma-Verlag

Bibliografische Information durch
Die Deutsche Bibliothek:
Die Deutsche Bibliothek verzeichnet diese Publikation in der Deutschen Nationalbibliografie; detaillierte bibliografische Daten sind im Internet über http://dnb.ddb.de abrufbar.

I

ISBN 978-3-940450-19-7

aktualisierte zweite Auflage, September, 2008

Coverphoto: http://www.pdphoto.org

www.rediroma-verlag.de

7,50 Euro (D)

Zum Autor:

Volker Wissen wurde am 6. Mai 1965 in Duisburg geboren und ist seither Mitglied in der „Apostolischen Gemeinschaft“, einer Gliedkirche der „Vereinigung Apostolischer Gemeinden“. Er studierte Betriebswirtschaft an der Fernuniversität Hagen und Ostasienwissenschaften an der Heinrich-Heine-Universität Düsseldorf.

Inhaltsverzeichnis

Theologische Entwicklungen der Vereinigung Apostolischer Gemeinden (VAG) von 1956 bis heute

Einführung

Zu unterschiedlichen Zeiten war es zu Trennungen von Einzelpersonen oder Gemeinden von der Neuapostolischen Kirche (NAK) gekommen, die zu unabhängigen Gemeinschaften geführt haben. Es ging dabei um Lehrfragen aber auch um Einflussnahme. 1921 kam es zu einer Spaltung in Sachsen zwischen dem neuapostolischen Stammapostel Niehaus und seinem designierten Nachfolger Apostel Carl August Brückner. Es entstand der „Reformiert-Apostolische Gemeindebund“ (RAG). In den 1950er Jahren kam es dann in mehreren europäischen Ländern zu Trennungen als der Stammapostel Johann Gottfried Bischoff im Alter von 82 Jahren ab 1951 verkündete, die Wiederkunft Jesu Christi erfolge zu seiner Lebzeit. Es entstanden eigene Gemeinschaften in Deutschland, den Niederlanden, Frankreich und der Schweiz. 1956 trafen sich die Apostel dieser verschiedenen Gruppen in Düsseldorf und gründeten die „Vereinigung der Apostel der Apostolischen Gemeinden“ als Zusammenschluss der Kirchenleiter verschiedener apostolischer Gemeinden in Europa und Übersee. Heute gehören dem Apostelbund die Apostel nachstehender unabhängiger Gemeinschaften an:

Gemeinschaft	**gegr.**	**Verbreitung**	**Mitglied der VAG**	**derzeitige Leiter**
Apostolic Church of Queensland	1908	Australien	seit 1956	Ap. Dargusch und Flor
Apostolic Church of South-Africa – Apostle Unity	1911/ 1954	Südafrika	seit 1956	Ap. Erasmus
Reformiert-Apostolischer Gemeindebund (RAG)	1921	Deutschland	seit 1956 bis zum Zusammenschluss mit der AG 1994	
Vereinigung Apostolischer Christen	1954	Schweiz	seit 1956	Ap. Baltisberger
Union des Chrétiens Apostoliques	1954	Frankreich	seit 1956	Ap. Schaeffer
Apostolische Gemeinschaft (AG)	1955	Deutschland	seit 1956	Ap. Baron, Groß, Knauth, Lieberth und Loose
Gemeente van Apostolische Christenen	1955	Niederlande	seit 1956	Ap. Den Haan
United Apostolic Church of India	1980	Indien	seit 1981 bis Auflösung 2007	
United Apostolic Church of the Philippines	1999	Philippinen	Missionswerk der australischen Kirche	

Nicht mehr dazu gehören:

Apostolische Gemeinde des Saarlandes (Schmidt-Gruppe)	1954	Saarland	von 1956 bis 1967
Altapostolische Gemeinde		Österreich	von 1987 bis 1990

Die europäischen und indischen Gemeinden sind außerdem in der „Vereinigung Apostolischer Gemeinden“ (VAG), die wie die Apostelvereinigung jedoch keine eigene Rechtspersönlichkeit besitzt, zusammen geschlossen. Zu den australischen und südafrikanischen Gemeinden gibt es Lehrunterschiede in einigen Punkten.

Das Selbstverständnis der „jungen apostolischen Gemeinden“ kurz nach ihrer jeweiligen Trennung von der „Neuapostolischen Kirche“ lässt sich am besten so umschreiben: „Wir sind eine „Neuapostolische Kirche“ ohne Stammapostel und ohne Fanatismus.“ Die wesentlichen theologischen Aussagen und Auffassungen der neuapostolischen Lehre wurden von den Aposteln, Amtsträgern und Gläubigen zunächst unverändert geteilt und übernommen. Erst allmählich setzte ein Überdenkungsprozess ein, der im Laufe der Jahre zu einer – wie ich meine – gravierenden Verschiebung der Theologie führte. Die wesentlichsten Änderungen lassen sich anhand der Themenschwerpunkte **Bibelverständnis, Kirchenverständnis, Apostolats-** und **Amtsverständnis, Sakramentsverständnis** und **Wiederkunft Christi** exemplarisch darstellen. In jedem dieser Bereiche hat es in den letzten 50 Jahren merkliche und vielleicht unmerkliche Veränderungen und Verschiebungen gegeben. Genaue Aussagen und Angaben über Zeitpunkte des Wandels bzw. der Neuorientierung sind schwer zu machen, da es sich nicht um plötzliche Neu- und Umorientierungen handelte, sondern um länger andauernde Umdenkungsprozesse. Nach der katholisch-apostolischen Zeit haben sich die apostolischen Gemeinschaften traditionell mehr mit dem gesprochenen bzw. gepredigten und gelebten Wort auseinander gesetzt als mit dem Geschriebenen. Die Publikationen sowohl der NAK als auch der VAG bestanden über Jahrzehnte hinweg weitgehend aus Periodika.

NAK	**VAG**
Wächterstimme	Der Herold (1954-heute)
Unsere Familie	Der Blickpunkt (1964-1991)

Theologische Ausarbeitungen und/oder Stellungnahmen gibt es bis in die siebziger Jahre für die NAK vor allem in Form der „Fragen&Antworten" und für die VAG in Form des „Lehrbuchs für apostolische Christen".

NAK	VAG
Fragen und Antworten (1951)	Lehrbuch für Apostolische Christen (1958)
Fragen und Antworten (1992)	Was wir glauben, Band 1 (1984)
	Was wir glauben, Band 2 (1990)
	Sakramentenlehre der apostolischen Gemeinden (2005)

Einen revolutionären Schritt machte die VAG 1984 mit der Veröffentlichung des ersten theologischen Lehrwerks „Was wir glauben", der in Volltextform und nicht im Fragen-Antworten-Stil die Lehrauffassungen der VAG erstmals ausführlich darstellte. Erweitert wurden diese dann 1990 durch den 2. Band des „Was wir glauben" (WWG). Für die ordinierten Mitarbeiter wurden die Anleitungen überarbeitet und für den Konfirmandenunterricht ausführliche Glaubens- und Lehrdarstellungen herausgegeben. In den letzten Jahren wurden von den Aposteln auch umfangreiche Arbeitspapiere, z.B. zum Sakramentsverständnis und zur Frauenordination, verfasst. Auch in der Monatszeitschrift „Der Herold", der seit einiger Zeit thematische Schwerpunktausgaben bringt, gab es umfangreichere Lehrtexte. Eine Ergänzung der WWG zur Lehre der Sakramente und somit offizielle Verlautbarung ist im August 2005 erfolgt, ebenso wie eine Änderung des Glaubensbekenntnisses.

Bibelverständnis

Die Bibel hat im alltäglichen Gebrauch der Neuapostolischen Kirche in der Trennungszeit eine geringer werdende Bedeutung gehabt. Im Gottesdienst dient bis heute lediglich ein einzelner Vers oder einige wenige Verse als Grundlage der Predigt und nicht, wie in anderen Gemeinschaften üblich, ein ganzer Abschnitt. Auch ist die Auswahl der Schriftstellen willkürlich und folgt, mit Ausnahme der Fest- und Feiertage des Kirchenjahres, keinem erkennbaren Plan. Bibelkreise oder biblische Gesprächskreise existierten daher auch nicht oder nur selten. Oft war in der NAK zu hören, dass die Bibel „totes Wort sei“ und daher nur Ergänzung des „lebendigen Wortes“, also des Apostelwortes der Gegenwart, sein könne.

Für den Gottesdienst war und ist nur die Übersetzung nach Martin Luther von 1984 in Gebrauch. Als Predigtgrundlage dienten in den 1950er Jahren generell weniger die eigenen Gedanken und Vorbereitungen der Amtsbrüder zum Bibelwort, als vielmehr die zentral verfassten „Leitgedanken“ des Stammapostels oder der Bezirksapostel.

So schrieb die NAK 1951 in ihrem Lehrbuch „Fragen und Antworten“ zu Frage 2 „Welche Bedeutung hat die Bibel für uns?“ als Antwort: „Die geschichtlichen Abschnitte der Bibel erzählen von den Vorgängen der Vergangenheit. Der Bericht kann uns jedoch den Genuss der Taten Christi und die Handlungen der Apostel nicht ersetzen. Das Bibellesen allein bewirkt keine Erlösung.“[1] Und noch 1992 schreibt die NAK: „Die Bibel ist die Grundlage für die Lehre der Neuapostolischen Kirche. Im Leben des neuapostolischen Christen hat sie eine besondere Bedeutung. Die Heilige Schrift bietet ihm Tröstung, Erbauung und Wegweisung und dient der Förderung der Glaubenserkenntnis. Zu einem nutzbringenden Bibellesen gehört ein Verlangen nach göttlicher Erleuchtung. Das Lesen der Bibel kann die Wirksamkeit der Apostel Jesu in der Verkündigung der Lehre und Spendung der Sakramente allerdings nicht ersetzen.“[2]

---

1 Fragen und Antworten über den neuapostolischen Glauben, Frage 2, Frankfurt am Main 1951, S. 13

2 Fragen und Antworten über den neuapostolischen Glauben, Frage 4, Frankfurt am Main 1992, S. 10

In der frühen Zeit der VAG wurde der Bibel bereits ein größeres Gewicht im Gottesdienst und Gemeindeleben gegeben als zu NAK-Zeiten. Die Apostel der VAG haben in ihrem gemeinsamen Lehrbuch von 1958, also bereits drei Jahre nach der Trennung, eine deutlich andere Betonung gelegt, wenn auch das Kapitel über die Heilige Schrift vom Anfang des „Katechismus“ ans Ende verlegt wurde. Auf Frage 261 „Was ist uns die Bibel?“ wird geantwortet: „Sie ist uns ein klares Zeugnis von Gottes und Jesu Worten und Taten; sie enthält den Heils- und Erlösungsplan Gottes. Die in der Bibel lesbaren göttlichen Verheißungen sind Gegenstand unserer Hoffnungen.“[3]

Weiterhin werden die Geschwister zu einem intensiveren Umgang mit der Bibel aufgefordert, zum eigenen Lesen, Erkennen und Fragen. Zu Frage 264 „Was gehört zu einem nutzbringenden Bibellesen?“ wird geantwortet: „Ein lernbegieriger Sinn und ein Verlangen nach göttlicher Erleuchtung.“ In Frage 267 wird außerdem erläutert, wie dieser Sinn und dieses Verlangen gestillt werden sollen:

> „Frage: Wo und wann soll die Bibel gelesen werden?
>
> Antwort: 1. Im öffentlichen Gottesdienst
> 2. In der Familie durch tägliches Vorlesen eines Kapitels seitens des Hausvaters oder seiner Stellvertretung bei der Morgen- oder Abendandacht
> 3. In allen guten und bösen Tagen, auch von den Einzelpersonen, so oft sich dazu Gelegenheit bietet“.[4]

Auch in der VAG gibt es ähnlich den neuapostolischen „Leitgedanken“ ein „Amtsblatt“, das von ordinierten Mitarbeitern und Geschwistern verfasst wird. Die Prediger sind jedoch aufgefordert, bei ihren Predigtvorbereitungen dieses „Amtsblatt“ lediglich als Gedankenhilfe zu nehmen und andere Bibelübersetzungen und Sekundärliteratur heranzuziehen. Im Gottesdienst wird offiziell die Bibelübersetzung nach Martin Luther von 1984 verwendet, wiewohl auch andere Bibelübersetzungen und -übertragungen gelegentlich (z.B Hoffnung für Alle, Gute Nachricht, Jörg Zink) Verwendung finden. Mit dem Beginn des neuen Kirchenjahres wurde Ende 2006 der protestantische „Liturgische Kalender“ für die Sonntagsbibelworte eingeführt.

---

3 Lehrbuch für apostolische Christen, Frage 261, Kamp-Lintfort 1958, S. 82
4 ebd., Frage 264+267, S. 82 ff

Auch gibt es in vielen Gemeinden Bibellese- und/oder Bibelgesprächskreise. Dennoch muss man auch zugeben, dass eine breite Bibelkenntnis und Bereitschaft zur regelmäßigen und intensiven Bibellese nur bei sehr wenigen Geschwistern vorhanden ist.

In vielen Gemeinden und Bezirken wird seit einigen Jahren ein „natürliches Gemeindeentwicklungsprojekt“ nach Schwarz[5] vorgestellt. Bei den darin üblichen Befragungen von Mitarbeitern und Geschwistern gab es bei dem Qualitätsmerkmal „individuelle Spiritualität“ häufig Defizite. Dies kann unter anderem daran liegen, dass oft eine ungenaue Bibelkenntnis und wenig Neigung zur intensiven Bibelarbeit besteht.

Das Bibelverständnis der NAK ist eher als „fundamentalistisch“ zu bezeichnen. Es wird dort weitgehend eine wortwörtliche, irrtumslose Bibelauffassung vertreten. Dagegen wandte sich bereits Apostel Carl-August Brückner, als er sich durch Gründung des reformiert-apostolischen Gemeindebundes 1921 von der NAK trennte.

„Als Kennzeichen für die „methodistische Richtung“ in der neuapostolischen Bewegung betrachtet Brückner ein fundamentalistisches Bibelverständnis, wie es nach seiner Auffassung besonders der Stammapostelhelfer Bischoff vertrat. Brückner lehnt eine wörtliche Bindung an die Bibel ab und fordert ein freies, nicht an Wort und Buchstaben gebundenes Verhältnis zur Schrift. Sie enthält, betont er, neben Gotteswort auch Menschenwort und Teufelswort. [...] Auch die, die Bibel geschrieben, waren irrende und noch keine vollkommenen Menschen’, heißt es in einem Brief seines Mitapostels Max Ecke vom 23. April 1923 an Stammapostel Niehaus. Brückner stellt den ‚Geist über die Bibel und nicht die Bibel über den Geist.’ Dabei ist für ihn Geist wesentlich mit Vernunft identisch. Dieses Bibelverständnis führte zu einer Reihe neuartiger Deutungen bzw. Umdeutungen klassischer biblizistischer Lehren. Neben der Bejahung wissenschaftlicher Schöpfungs- und Entwicklungstheorien steht ein kritisches Verhältnis zu den Wunderberichten, insbesondere aber zu den eschatologischen Lehraussagen der Schrift.“[6]

---

[5] Christian A. Schwarz, ist Leiter des Instituts für natürliche Gemeindeentwicklung. Seine Bücher zu Theorie und Praxis des Gemeindeaufbaus beruhen auf umfassenden Studien in mehr als 3000 verschiedenen christlichen Gemeinden in 32 Ländern. Die Forschungen brachten ans Tageslicht, dass in wachsenden Gemeinden 8 Qualitätsmerkmale messbar stärker entwickelt sind als in stagnierenden und schrumpfenden. www.cundp.de

[6] Obst, Helmut: Apostel und Propheten der Neuzeit, Berlin 1990, S. 164f

Dieses eher liberale Bibelverständnis Brückners wirkte im reformiert-apostolischen Gemeindebund (RAG) fort und beeinflusste auch maßgeblich die Lehre der jungen VAG. In „Der Herold“ 1967 schreibt Apostel Ludwig aus Görlitz über „Die rechte Einschätzung der Bibel“: „Der Buchstabe tötet, der Geist macht lebendig“, ist der Artikel überschrieben. „Ein Kapitel der Bibel ist für uns nicht so bedeutsam wie das andere. Schon das Judentum zur Zeit Jesu hatte einen Kanon von 22 Büchern, die man nach drei Klassen von abgestufter Heiligkeit einteilte; anders war es bei den Juden in Alexandrien und wohl auch in der ganzen Diaspora. Die katholische Kirche rechnet die Apokryphen vollwertig zur Bibel, Luther sprach ihnen eine mindere Geltung zu, die Reformierten haben sie meist ausgeschieden. Da wir Kinder des Neuen Bundes sind, steht für uns das Evangelium Jesu Christi im Mittelpunkt. Konzentrische Kreise umgeben die Lichtquelle. So stehen die Zeugnisse der Apostel, dann alle auf Christus hinweisenden Schriften, schließlich viele Lieder, geschichtliche Darstellungen und so fort darum gruppiert. [...] Es sind ein Nazaräenerevangelium, ein Petrusevangelium, Kindheitsevangelien u.a.m. bekannt. [...] Neben der Offenbarung des Johannes gibt es eine Reihe anderer Apokalypsen, zum Beispiel den Hirt des Hermas, Petrusapokalypse u.a. Dann sind viele apokryphe Schriften bekannt. [...] Die Väter der frühen Kirche stellten Listen auf, in denen die anerkannten Schriften erfasst wurden. Diese heiligen Schriften des Kanons wurden später zur Heiligen Schrift vereinigt. [...] Die Sprache der Bibel kann natürlich nur innerhalb des geistigen Horizontes der betreffenden Zeit und also auch mit Bildern dieser Epoche sprechen.“[7]

Apostel Kuhlen scheint diese Auffassungen der Apostel Brückner und Ludwig nur eingeschränkt geteilt zu haben. Ebenfalls 1967 wendet er sich in einem Heroldartikel anlässlich des Reformationsfestes entschieden gegen die seinerzeit populäre „historisch-kritische Bibelauslegung“ und die krasse Entmythologisierung der Bibel und war um einen Ausgleich der Positionen bemüht. [8]

Während der „apostolischen Reformation“ Ende der siebziger/ Anfang der achtziger Jahre waren die Apostel der VAG darum bemüht, die neuapostolischen Veränderungen und Entstellungen der ursprünglichen Lehre aus katholisch-apostolischer Zeit rückgängig zu machen und für die VAG zu den alten Lehrgrundlagen zurück zu fin-

[7] Der Herold 1967, S. 97-100
[8] Der Herold 1967, S. 161ff

den. Dabei konnte es aber nicht um eine „Neuauflage" der katholisch-apostolischen Gemeinde (KAG) gehen, denn etliche Vorstellungen und Lehren damaliger Zeit sind heute nicht mehr vertret- und vermittelbar.

Dr. Johannes Albrecht Schröter, der über die Entstehung der Katholisch-Apostolischen Gemeinden promoviert hat, hielt 1999 und 2003 in der Apostolischen Gemeinde Düsseldorf-Mitte Vorträge über die Entwicklung und theologischen Besonderheiten der KAG. Bei seinem letzten Vortrag beschäftigte er sich insbesondere mit dem Schriftverständnis und dem Zusammenhang zwischen Schrift und Tradition und Schrift und Amt.

„Die ganze Schrift alten und neuen Testamentes galt in den Augen der katholisch-apostolischen Lehrer als von Gottes Geist inspiriert. Inspiration konnte in ihrer Sicht nur bei dem nach Gottes Bilde geschaffenen Menschen stattfinden, auf dessen freien persönlichen Geist der Heilige Geist zu wirken vermöge. Dabei hebe der Heilige Geist durch seine Tätigkeit weder die Freiheit noch das Denkvermögen des Menschen auf. Er bringe im Gegenteil das Denkvermögen des Menschen zu seiner vollen Entfaltung. Zwei Theologen sprechen daher bei den biblischen Büchern lieber von den inspirierten Denkern und halten dies für angemessener, als die Bezeichnung „inspirierte Schreiber". Die Theorie der Verbalinspiration, die Lehre, die es ja durchaus, gerade in fundamentalistisch orientierten christlichen Kreisen weit verbreitet gibt, nämlich dass jedes Wort so, wie es in der Bibel steht, exakt von Gott kommt, wurde als verfehlt abgelehnt. Henry Drummond, der zweitberufene Apostel der KAG bezeichnet sie sogar als Absurdität und Aberglauben und sie verkenne das menschliche Element bei der Abfassung der biblischen Schriften und offenbare einen rationalistischen Geist, ein Streben nach Sicherheit. Es gibt sogar einen Theologen, der in der Verbalinspiration ein Indiz für geistliche Verarmung sieht. Also so weit, so scharf ist man auch gewesen in der Ablehnung einer solchen Lehre. Drummond weist auch die Lehre von der Unfehlbarkeit der Schrift als eine unsinnige Vorstellung zurück. Das klingt im ersten Moment vielleicht ein bisschen überraschend. Einerseits erhebe keiner der Verfasser der biblischen Bücher irgendeinen Anspruch auf Unfehlbarkeit, andererseits sei ein solcher Gedanke auch aufgrund der vielfach variierenden Textüberlieferungen unangebracht, meint Drummond. Was wird gesagt über die Heilige Schrift als Gottes- und Menschenwort? Nach katholisch-apostolischer Auffassung waren die Verfasser der biblischen Schriften weit davon entfernt, bei der Aufzeichnung ihrer

Schriften willenlose Werkzeuge des Heiligen Geistes zu sein. Nach Woodhouse kommt es daher darauf an, nicht alles in der Bibel Enthaltene über einen Leisten zu schlagen, sondern die sprachlichen, geschichtlichen und theologischen Besonderheiten der jeweiligen biblischen Bücher zu erforschen und in Weitergabe und Anwendung fruchtbar werden zu lassen."[9]

Eventuell aus diesem Denken heraus schrieben die Apostel der VAG 1984 in „Was wir glauben 1": „Das Wort Gottes kann auf verschiedene Weise zu uns gelangen, z.B. durch das geschriebene Wort der Bibel. Es sind die Worte Jesu, der ersten Apostel, der Propheten und anderer Gottesmänner des Alten und Neuen Testaments. Dabei ist immer zu bedenken, dass erst der Geist Gottes den toten Buchstaben lebendig macht. Wer nur oberflächlich in der Bibel liest und sich dabei vom Heiligen Geist nicht führen lässt, der zieht daraus oft ganz andere und auch falsche Folgerungen. Beim Lesen einzelner Bibelverse ist es immer notwendig, das Gesamtbild des Geschriebenen und Verbindung mit anderen Stellen ins Auge zu fassen. Dies ist keine leichte Sache!"[10]

In einem Heroldartikel über eine Jugendleitertagung im Vorjahr wird 1997 ergänzend ausgeführt: „An dieser Stelle wollen wir [...] uns die Frage stellen, was denn die Bibel für uns persönlich und für unseren Dienst bedeutet und wie wir mit ihr umgehen. Die für das Christsein grundlegenden Glaubenssätze von der Gottessohnschaft Christi, von seinem Opfertod am Kreuz, der Auferstehung, Himmelfahrt und der verheißenen Wiederkunft stehen trotz aller anderslautenden ‚Expertenaussagen' keinesfalls in Frage. Trotzdem tritt immer wieder die Frage nach der Verlässlichkeit der Bibel auf, weil sie von Menschen geschrieben wurde, die Fehler gemacht haben, weil manches in ihr recht widersprüchlich scheint, weil es Übersetzungsfehler gibt (man übt ersetzen), weil oft Unklarheit über Zeit-, Orts-, Empfänger- und Verfasserangaben besteht, weil es sich bei den Handschriften nicht um Originale, sondern um Abschriften handelt, in die z. T. später noch Aussagen oder Angaben eingefügt wurden. Die Bibel wurde nicht in erster Linie als Geschichtsbuch geschrieben, sondern sie gibt die Erfahrung des jeweiligen Schreibers mit Gott wieder. Wir glauben fest daran, dass es Gott gelungen ist, das durch alle men-

---

9 Dr. Albrecht Schröter in einem Vortrag zum katholisch-apostolischen Bibelverständnis am 14.11.2003 in Düsseldorf

10 Vereinigung der Apostolischen Gemeinden, Was wir glauben, Band 1, Zürich 1984, S. 79

schlichen Schwächen und Fehler hindurch zu bewahren, was für uns wichtig und unserem Glauben förderlich ist. Zum besseren Verständnis der Schrift ist es sehr hilfreich, über die gesellschaftlichen Verhältnisse, die Denkmuster und Weltbilder, die die Menschen, die sie verfasst haben, bewegten, Bescheid zu wissen. Wichtig ist es auch, einzelne Aussagen in ihrem Zusammenhang zu sehen und sie nicht willkürlich zur Untermauerung eigener Gedanken zu vergewaltigen."[11]

Das Bibelverständnis ist das Fundament auch aller anderen kirchlichen Lehrmeinungen. Das gilt besonders für das Sakraments- und Amtsverständnis. In der VAG herrschte in der Kirchenleitung seit den achtziger Jahren eher eine „liberale" Auffassung vor. Apostel Gaßmeyer sagte z.B. in einem Gespräch dazu: „Wir haben nie die wörtliche Schriftauslegung gepredigt". „Die Bibel ist dann Gottes Wort, wenn sie nicht aus der lebendigen Begegnung mit Gott herausgenommen und zum bloßen Lehrbuch, Sittenspiegel oder Geschichtswerk wird."[12] Einer der letzten noch lebenden Mitbegründer der Apostolischen Gemeinschaft, Bischof Herbert Kloß, betont in seinen Äußerungen immer die ‚Bildersprache' der Bibel.

In dem Lehrbuch für den Konfirmandenunterricht wird weiter ausgeführt, dass, wer von der Bibel strikte Sachlich- und Geschichtlichkeit verlange, das Menschliche verlöre. Es wird noch zitiert wiedergegeben: „Das Bemühen objektiv zu sein ist denen, die die biblischen Berichte geschrieben haben, gänzlich fremd. Objektivität ist eine Erfindung der Neuzeit, die mit unserer wissenschaftlichen Tradition hochgekommen ist. Damals gab es das nicht. Die Männer, die die Bibel geschrieben haben, wollten der Nachwelt nicht alles mögliche überliefern, woran diese vielleicht interessiert sein könnte, sondern sie wollten lediglich von einem berichten: was Gott zu den Vätern und zu ihnen geredet und was er getan hatte."[13]

In den letzten Jahren traten jedoch bei den Geschwistern und Ordinierten in verschiedenen Bezirken deutlicher unterschiedliche Auffassungen zu Tage. Diese reichen von „sehr liberal" bis „fundamen-

---

[11] Der Herold 1997, S. 12-15

[12] Vereinigung Apostolischer Gemeinden, Lehrbuch für den Konfirmandenunterricht, D02-01, o.O., o.J. (es wird aus dem WWG1 zitiert, welches 1984 herausgegeben wurde – die letzten Änderungen des Konfirmandenbuches sind von Oktober 1990)

[13] Vereinigung Apostolischer Gemeinden, Lehrbuch für den Konfirmandenunterricht, D02-25, o.O., o.J.

talistisch-evangelikal“. Der Herold Juli 2002 versucht in einer Ausgabe, die sich ausschließlich mit dem Bibelverständnis befasst, ein die verschiedenen Strömungen umfassendes Verständnis darzustellen. So betont ein Artikel das „betende, suchende und anklopfende“ Verständnis vom Gotteswort im Menschenwort, während andere (aus anderen Zeitschriften übernommene) Artikel eher die Unfehlbarkeit bzw. eine unkritische Bibelauffassung unterstreichen.[14]

Ein weiter Spannungsbogen existiert also in den VAG-Gemeinden von heute, die mitunter schon zu Spannungen zwischen den Geschwistern und Gemeinden führten. Wobei sich in den jüngeren Beschlüssen der Apostelversammlungen wie zur Frauenordination und zu den Sakramenten bisher kein evangelikales Bibelverständnis niedergeschlagen hat. Es ist zu hoffen, dass eine gemeinsame Grundlinie gefunden wird, die nicht zu Absetzbewegungen oder zur gegenseitigen „Absprache des Glaubens“ führen wird. Auch hier sei noch einmal auf die Aussage von der „Exklusivität zur Inklusivität kommen“ von Dr. A. Schröter hingewiesen.[15] Es gilt die unterschiedlichen Strömungen in den Gemeinden zusammen zu bringen und nicht von einem Extrem, der Exklusivität durch die ‚Versiegelung' zur Exklusivität durch die, vorgeschriebene Art der Bekehrung' zu kommen.

---

[14] Der Herold Juli 2002, S. 122-139

[15] Dr. Albrecht Schröter in einem Vortrag zum katholisch-apostolischen Bibelverständnis am 14.11.2003 in Düsseldorf

Kirchenverständnis

Kirchenverständnis und Ökumene

Die Entwicklung des Kirchenverständnisses ist sehr eng mit dem Apostolatsverständnis verbunden. Auch spielt das apostolische Sakramentsverständnis, insbesondere das der Versiegelung, hier eine große Rolle.

Die Entstehung eigener katholisch-apostolischer Gemeinden im 19. Jahrhundert resultierte mehr aus der Not als aus Überzeugung. Ursprünglich wollte man keine neue Denomination gründen, sondern hatte die Einheit der Christenheit als Hauptanliegen. Freilich war der Anspruch schon da, dass das eigene Kirchenmodell das „Vollkommene" sei und damit der Kristallisationspunkt der christlichen Einheit. Diese grundsätzliche ökumenische Gesinnung trat schon in der frühen neuapostolischen Kirche in den Hintergrund. Stattdessen wurde die eigene Gemeinschaft als die „einzig wahre Kirchenabteilung" in den Vordergrund gerückt. Anderen kirchlichen Gemeinschaften wurde nach und nach die Anerkennung „entzogen", da mit der fortschreitenden Fixierung auf das Apostel- und später Stammapostelamt die eigene exklusive Gemeinde wichtiger wurde.

„Die Neuapostolische Kirche ist die Kirche Jesu Christi. Sie ist sein ewiges Gnaden- und Erlösungswerk auf der Erde, [...] sie ist als das wiederaufgerichtete Erlösungswerk unseres Gottes im geistigen Sinn die direkte und unmittelbare Fortsetzung der ersten apostolischen Kirche, mit der sie die alleinige Kirche Christi bildet und Gottes Volk ist."[16] Nach neuapostolischem Verständnis der vierziger und fünfziger Jahre war der Stammapostel „der Repräsentant des Herrn auf der Erde".[17]

Die freien apostolischen Gemeinden sagten nirgends so deutlich, dass sie sich lange Zeit auch sehr exklusiv verstanden. Unter den Amtsträgern und Geschwistern war aber bis in die achtziger Jahre ein exklusives Denken im Sinne von: „Wir sind die kleine wahre Herde" sicherlich vorhanden.

---

16 Fragen und Antworten über den neuapostolischen Glauben, Frage 216, Frankfurt am Main 1951, S. 83

17 ebd., Frage 226, S. 88

Für die Gemeinden in Ostdeutschland fasst Apostel Knauth die Vergangenheit wie folgt zusammen: „Dennoch muss man heute einschätzen, dass bei allem Ringen um Reformation die Trennung von der allgemeinen Christenheit nicht überwunden werden konnte. Es ist deutlich erkennbar, dass die Versiegelten die Erstlinge blieben, welches sich nach damaligem Verständnis sogar ausschließlich auf reformiert-apostolische Christen bezog. Es war ein Ergebnis schmerzlicher Auseinandersetzung und beinhaltete Erkenntnisse und Einsichten aus der Kirchenspaltung. [...] Es atmet nach wie vor neuapostolisches Selbstverständnis. Eine langsame ökumenische Öffnung und damit eine Veränderung des eigenen Kirchenverständnisses fand erst später in den 60er Jahren unter den Bedingungen des herrschenden Atheismus in der DDR statt."[18]

Gestützt wurde dieses exklusive Bewusstsein durch das Apostelamt, das es in anderen Kirchen nicht mehr gab und dem Festhalten an dem Sakrament der Versiegelung, das nur von diesen lebenden Aposteln gespendet werden konnte. Noch im Lehrbuch der VAG von 1958 heißt es unter Frage 233: „Wer spendet den Heiligen Geist in der Gegenwart? Die Apostel Jesu."[19]

Die Wassertaufe wurde wie in der NAK auch in der VAG nach dem genannten Lehrbuch nur „als ein Bestandteil der Wiedergeburt" neben der Versiegelung betrachtet. Im 6. Glaubensartikel der VAG hieß es bis 1984 „Ich glaube, dass die Wassertaufe ein Bestandteil der Wiedergeburt ist und dass der Täufling dadurch die Anwartschaft zur Empfangnahme des Heiligen Geistes erlangt. Sie ist ferner der Bund eines guten Gewissens mit Gott." [20] Ferner sagte der 8. Glaubensartikel der VAG bis 1984 aus, dass Christen erst durch die Versiegelung zu „Kindern Gottes" werden: „Ich glaube, dass die mit Wasser Getauften durch einen Apostel zur Erlangung der Erstlingsschaft den Heiligen Geist empfangen, wodurch sie Glieder des Leibes Christi werden."[21]

Helmut Obst schreibt in seiner Arbeit über die NAK: „Lehrmäßig gab es, abgesehen von der Botschaft Bischoffs, zunächst keine gravierenden Unterschiede zwischen der Neuapostolischen Kirche und der

---

18 Knauth, Matthias: Glauben und Bekennen, Der Herold Juli 2003, S. 123-140

19 Lehrbuch für Apostolische Christen, Kamp-Lintfort 1958, S. 72

20 ebd., Frage 201, S. 76

21 ebd., S. 76

Apostolischen Gemeinschaft. Das änderte sich relativ rasch. Dabei haben zweifellos die bereits früher im Reformiert-apostolischen Gemeindebund erfolgten Lehrentwicklungen mit eine Rolle gespielt. Der Verzicht auf das Stammapostelamt und die Wiedereinführung des alten, schon unter den katholisch-apostolischen Aposteln wie auch den ersten deutschen Aposteln geltenden Kollegialitätsprinzips, verbunden mit gewissen demokratischen Elementen, hatten zwangsläufig tiefgreifende Auswirkungen auf das Kirchenverständnis. Zusammen mit dem papalistischen Prinzip wurde auch der von Krebs in die Neuapostolische Kirche eingeführte Exklusivanspruch gegenüber allen anderen christlichen Kirchen von der Apostolischen Gemeinschaft aufgegeben."[22]

Im März berieten die Apostel der VAG in Zürich u.a. den Glaubensstandpunkt und die Stellung anderen Bekenntnissen gegenüber mit Blick auf „das neuapostolische Extrem und die Gefahr, ins Gegenteil zu geraten".[23] Mit der „inneren Reformation" Ende der siebziger Anfang der achtziger Jahre wurde bereits ein Verzicht auf Exklusivität deutlich, der aber zunächst noch etwas unklar bzw. uneindeutig blieb.

Im WWG 1 bekennen sich die Apostel der VAG im Kapitel über „die heilige apostolische Kirche", zu dem katholisch-apostolischen Erbe und erklären: „Die Kirche Christi ist die Gemeinschaft aller ohne Unterschied der Zeit und des Landes, welche im Namen des Vaters und des Sohnes und des Heiligen Geistes getauft sind und durch die Taufe von allen anderen Menschen ausgesondert sind."[24] Außerdem führen sie erstmals aus: „Wir freuen uns über alles, was andere Kirchen und Gemeinschaften an göttlichen und christlichen Werten besitzen, und sagen nicht, apostolische Vollmacht sei ausschließlich in unserer Gemeinde wirksam. Gott allein hat Übersicht über alles Geschehen in seiner Kirche."[25] Auch das Apostolat wird etwas relativiert, denn „ob außerhalb der apostolischen Gemeinden noch andere Apostel tätig sind, muss immer mit der Frage nach den Merkmalen eines wahren Aposteldienstes verbunden sein und findet hierin ihre Beantwortung."[26]

---

22 Obst, Helmut: Neuapostolische Kirche – die exklusive Endzeitkirche?, Neukirchen-Vluyn 1996, S. 101

23 Der Herold Juli 1974, S. 78

24 Vereinigung der Apostolischen Gemeinden, Was wir glauben, Band 1, Zürich 1984, S. 52

25 ebd., S. 54

26 ebd., S. 72

Dennoch bleibt die Mitgliedschaft in der VAG von dem Empfang der Taufe und der Versiegelung abhängig. Noch im April 1992 schreiben die Apostel in einer Ergänzung der „Anleitungen für die Apostolischen Amtsbrüder“: „Die Apostolischen Gemeinden kennen, wie o.a., die Wasser- und Geistestaufe. Erst beide Taufen bewirken nach unserer biblischen Auffassung die Wiedergeburt. [...] Die Mitgliedschaft zur Apostolischen Gemeinde wird demzufolge von der Hinnahme beider Taufen bestimmt, da diese zusammengehören. Tritt ein bereits in einer anderen christlichen Gemeinschaft im Namen des dreieinigen Gottes getaufter Christ der Apostolischen Gemeinde bei, so [...] anerkennen (wir) die bereits vollzogene Wassertaufe, müssen aber, gemäß unserer Sakramentenlehre, seine Mitgliedschaft in der Apostolischen Gemeinde von der Geistestaufe (Versiegelung) abhängig machen.“[27] Dies ändert sich erst ab 2001 bzw. 2005 mit der Neuausgabe der Sakramentenlehre.

Der Herold veröffentlicht im Juli 1992 die Ergebnisse einer früheren Jugendleitertagung über die Frage „Was ist Kirche?“. „Kirche ist nicht Gott. Sie ist Gemeinschaft der Glaubenden, von Gott gewirkt, aber nicht ewig, nicht autonom, nicht sündenfrei, nicht Quell der Gnade und der Wahrheit, nicht Herr, Erlöser, Retter. Wir sind Kirche, unterwegs, glaubend, hoffend, fragend, auf Gott angewiesen.“[28]

In Düsseldorf wurde die Apostolische Gemeinschaft 1994 in die örtliche „Arbeitsgemeinschaft Christlicher Kirchen (ACK)“ aufgenommen. Leider war es aufgrund einer fehlenden Satzung in Düsseldorf dann nicht möglich, die Vollmitgliedschaft in anderen Arbeitsgemeinschaften und in den Dachorganisationen zu beantragen. Dies konnte erst im Jahre 2003 nachgeholt werden. Inzwischen sind etliche Gemeinden in lokalen Arbeitsgemeinschaften zumindest Gastmitglied. Auch arbeiten einige Bezirke in der evangelischen Allianz mit. 1996, 2000 und 2003 beteiligten sich einige Gemeinden auch an der europaweiten ProChrist-Evangelisation. Für die ACK-Nordrhein-Westfalen besteht seit 2004 ein Gaststatus, die Aufnahme in die ACK-Bayern erfolgte im Herbst 2005. Die Aufnahme als Gastmitglied in die ACK Sachsen erfolgte am 14. November 2007.

---

[27] Vereinigung der Apostel des Apostolischen Gemeinden, Anleitung für die Apostolischen Amtsbrüder, Ergänzung „Mitgliedschaft in den Apostolischen Gemeinden“, April 1992

[28] Der Herold Juli 1992, S. 106ff

Gemeinde	Mitgliedschaft/Teilnahme
Duisburg	ACK (Vollmitglied), evgl. Allianz Duisburg-Nord
Düsseldorf	ACK (Vollmitglied), Forum Düsseldorf
Essen	evgl. Allianz
Greiz	evgl. Allianz
Köln	ACK (Vollmitglied)
Langenfeld	ACK (Vollmitglied)
Nürnberg	ACK (Vollmitglied)
Oberhausen	evgl. Allianz
Wuppertal	ACK (Gastmitglied), evgl. Allianz

Im Jahre 2002 schreibt Apostel Knauth in einem Aufsatz in „Der Herold": „Wir glauben an die Einheit der Kirche und verstehen darunter die Gemeinschaft aller auf den Namen Jesu Christi Getauften. Wir selbst sind eine kleine Abteilung in der einen Kirche, eine Abteilung, die den Schmerz und das Elend der Trennung kennt und dies nie wieder erfahren will, eine Abteilung, die sich nach geistlichem Aufbruch sehnt, eine Abteilung, die um Erweckung bittet und bereit ist, sich von Gott her reformieren zu lassen, eine Abteilung, die Gott haben will und die von ihm einen Auftrag hat. Das macht uns Mut, mit Christen anderer Kirchen und Gemeinschaften den Kontakt zu suchen. Deshalb beteiligen wir uns als Apostolische Gemeinschaft an der Aktion ProChrist, führen Gespräche mit Christen in der Evangelischen Allianz und beteiligen uns an gemeinsamen Aktivitäten, arbeiten an immer mehr Orten in der Arbeitsgemeinschaft Christlicher Kirchen (ACK) mit, sind mit der Neuapostolischen Kirche im Gespräch und sind bemüht, hier und da noch weitere Schritte gemeinsam mit anderen Christen zu tun. Diese Bestrebungen um geistliche Einheit gewährleisten übrigens nach wie vor in jeder Hinsicht die völlige Selbständigkeit der Apostolischen Gemeinschaft."[29]

In der Zusammenarbeit und in der gegenseitigen Anerkennung gibt es zwischen der VAG und den anderen ökumenisch orientierten Kirchengemeinden keine Probleme, wobei nach wie vor häufig Unkenntnis über die „kleine VAG" besteht und es immer zu Verwechslungen mit der Neuapostolischen Kirche kommt. Umfangreiche Erklärungen zu den Unterschieden sind auch im Gespräch mit kirchlichen Mitarbeitern immer (noch) nötig. Eine verstärkte Öffentlichkeitsarbeit und Zusammenarbeit mit den entsprechenden kirchlichen

---

29 Der Herold September 2002, S. 163ff

Stellen (z.B. Sekten- und Weltanschauungsbeauftragten) könnte hier sicherlich für mehr Klarheit sorgen. Im Jahre 2004 jährte sich für die schweizerischen Gemeinden der VAG die Trennung von der NAK im Jahre 1954 zum 50ten Mal. Im Rahmen der Jubiläumsfeiern kam es zu einer Podiumsdiskussion mit Repräsentanten der reformiert-evangelischen Kirche, der christ-katholischen (in Deutschland „alt-katholischen") Kirche sowie der anglikanischen Kirche. Eine ähnliche Veranstaltung ist im Mai 2005 in Düsseldorf mit Vertretern der evangelischen Landeskirche, der Freien evangelischen Gemeinde, der orthodoxen, altkatholischen- und römisch-katholischen Kirche durchgeführt worden.

Albrecht Schröter führte in seinem Düsseldorfer Vortrag 2003 zum Schluss aus: „Das Ganze der Kirche Jesu zu sehen, und ich will noch mal sagen, ich weiß, wie ökumenisch offen Ihre Gemeinschaft ist, ich wünschte mir, dass die Neuapostolische Kirche so weit gehen könnte, wie Sie bereits gegangen sind schon seit den Anfängen reformiert-apostolischer Gemeindebund und viele, viele Entwicklungsschritte in Ihrer Geschichte. Aber Mitglied in der ACK zu sein oder sich ökumenisch zu fühlen einerseits und das Ganze der Kirche Christi im Blick zu haben, vom Herzen her, mit Jesus verbunden, ist nicht zwingend dasselbe. Deswegen kommen Sie vom progressiven Konservativismus zur konservativen Progressivität. Ich gehe da gerne mit und gehe das in meiner Kirche, versuche es auch zu gehen, versuchen Sie von Exklusivität zur Inklusivität zu kommen, und sehen sie bei der eigenen Wohnung immer auch das ganze Haus."[30] Und Helmut Obst ergänzt in seiner bereits erwähnten Arbeit: „Insgesamt kann festgestellt werden, dass die Apostolische Gemeinschaft durch ihren Verzicht auf das Stammapostelamt und den damit verbundenen sektiererischen Exklusivanspruch in Lehre und Leben zu Traditionen der apostolischen Gemeinden des 19. Jhr. zurückgefunden hat."[31]

Apostel Knauth merkte rückblickend an, dass folgender Vorschlag in den fünfziger Jahren für die Namensgebung des neuen Bundes zur Diskussion gestanden hätte: „Vereinigung der freien Apostolischen Gemeinden". „So verstehen wir uns auch für die Zukunft. Obwohl es eine solche Bezeichnung bisher nicht gibt, könnten wir uns für die

---

[30] Dr. Albrecht Schröter in einem Vortrag zum katholisch-apostolischen Bibelverständnis am 14.11.2003 in Düsseldorf

[31] Obst, Helmut: Neuapostolische Kirche – die exklusive Endzeitkirche?, Neukirchen-Vluyn 1996, S. 103

Zukunft den Charakter einer „Apostolischen Freikirche" vorstellen. Unsere gesamte Geschichte von der Erweckungszeit bis heute legt uns eine außerordentlich große Verantwortung auf. Wir haben besondere Erfahrungen geistlicher Erweckung, besondere Erfahrung mit Verirrungen in der Lehre, besondere Erfahrungen mit Versöhnung und Reformation. Wir haben die große Chance, die Gaben, die Gott den apostolischen Gemeinden gegeben hat, in die Gesamtkirche einzubringen und die Gaben, die in der Gesamtkirche vorhanden sind, dankbar anzunehmen. Wir haben die Verpflichtung des gemeinsamen Bekenntnisses mit anderen Christen in der Voraussicht, dass christlicher Glaube zukünftig stärker angefochten sein wird und wir einander beizustehen haben."[32]

Innerapostolische Ökumene

Zum Abschluss dieses Abschnittes sollte noch kurz auf die „innerapostolische Ökumene" eingegangen werden. Darunter werden die Kontakte zwischen den apostolischen Gemeinschaften und der Neuapostolischen Kirche verstanden. Hier sind die Gesprächsfäden seitens der VAG nie abgerissen. Besonders in den Niederlanden gab es seit jeher wegen der vielen apostolischen Gruppen private und offizielle Kontakte.

Am 31.01.2000 und am 09.03.2000 luden der Stammapostel bzw. die Neuapostolische Kirche elf apostolische Gruppen[33] zu einem zweitägigen Treffen am 1. und 2. September 2000 nach Zürich ein. Drei Gemeinschaften (VAG, Apostolische Gemeinde des Saarlandes [AGdS] und Hersteld Apostolische Zendingskerk [HAZK]) folgten der Einladung. Die VAG-Apostel schrieben nachher: „Die am Samstag, dem 02.09.00, geführte Aussprache war von gutem Geist geprägt. Die unterschiedlichen Standpunkte in Fragen unserer gemeinsamen Geschichte, aber auch das Bemühen, sie aufarbeiten zu wollen, waren nicht zu übersehen. [...] Diese Begegnung im größeren Kreis kann nur als erster Schritt auf einem langen Weg betrachtet werden, dessen Ende offen ist."[34] Die vom Stammapostel selbst dazu vertre-

---

32 Knauth, Matthias: Glauben und Bekennen in: Der Herold Juli 2003, S. 123-140

33 In den beiden Einladungsschreiben (das erste von Richard Fehr persönlich, das zweite von der NAK International) wurden 16 Gemeinschaften genannt, davon gehören aber fünf zur VAG

34 Der Herold November 2000, „In eigener Sache", S. 217

tene Meinung gipfelte am 18. April 2004 in der – für alle apostolischen Gruppen unannehmbaren - Aussage: „Wenn sie meine Worte hören sollten, auf irgendwelchen Wegen oder Umwegen, sage ich heute für diese Seelen: Kommt zurück zur Mutter, die Tür ist sperrangelweit offen, aber auch unsere Herzen sind offen!“ Er forderte die Mitglieder des 1921 in Sachsen entstandenen reformiert-apostolischen Gemeindebundes (heute: Apostolische Gemeinschaft) auf, sich wieder der „Mutterkirche“ anzuschließen. Zugleich hielt er ihnen vor, sie hätten sich vom Stammapostel gelöst, obschon es „das Dümmste“ sei, was man machen könne, wenn man apostolisch sei.“[35] Damit erleiden die neuapostolischen Bemühungen um mehr Offenheit gegeneinander, die seit dem Arbeitstreffen apostolischer Gemeinschaften im Januar 2000 in Zürich begonnen hatten, einen herben Rückschlag. Dennoch kam es im April 2005 in der Schweiz zum ersten Mal zu einer offiziellen Versöhnung zwischen NAK und der Vereinigung Apostolischer Christen (VAC). Beide Gemeinschaften entschuldigten sich darin für gegenseitiges Fehlverhalten während der „Botschaftszeit“. Ein weiteres Treffen der deutschen Apostel der AG mit dem Stammapostel und dem „Gremium für besondere Angelegenheiten“ im Frühjahr 2006 ergab, dass eine gemeinsame Kommission zur Aufarbeitung der Geschichte gegründet werden soll. Trotz dieser vielen Arbeitstreffen von VAG und NAK ist dennoch eine „Wiedervereinigung“ aufgrund der großen Unterschiede in Zukunft nicht mehr vorstellbar. Am 4. Dezember 2007 hat die Geschichtskommission der NAK in einer umfangreichen Darstellung bei einem Informationsabend in Zürich die Schuld für die Trennungen einseitig den Ausgeschlossenen zugeordnet.

Am 8. Dezember 1980 hat in München eine kirchliche Konferenz zwischen der Apostolischen Gemeinschaft Düsseldorf, der Vereinigung Apostolischer Christen Zürich, der Altapostolischen Gemeinschaft Wien (alle drei VAG) und der Apostolischen Gemeinde des Saarlandes (AGdS) stattgefunden. Der nächste geplante Versammlungstermin am 1. Mai 1981 fand nicht statt, denn die VAG schrieb: *„Wir sind nach ernsthafter Prüfung der augenblicklichen Situation zu dem Ergebnis gekommen, vorerst die Gespräche ruhen zu lassen. Liebe Brüder, lasst uns Geduld miteinander haben und eine bessere Entwicklung der Verhältnisse abwarten.“*

---

[35] zitiert nach dem Internet-News-Magazin naktuell.de: http://www.naktuell.de/0404/0404002.html

Erst am 17. Dezember 1984 wurden dann die Gespräche in Saarbrücken wieder aufgenommen. Die Möglichkeiten eines verstärkten Miteinanders im brüderlichen Geiste wurden erneut erörtert. Doch dann folgte am 11. November 1985 ein Schreiben der VAG folgenden Inhalts: *„Ihren Brief vom 15.10.1985 möchten wir in Anlehnung an unsere Ihnen bereits früher zugeleitete Stellungnahme heute beantworten. Mit unserem letzten Schreiben ließen wir Sie bereits wissen, dass wir es aus triftigen Gründen für notwendig halten, hinsichtlich unserer Gespräche vorerst eine Pause eintreten zu lassen. Diese Entscheidung wurde nicht getroffen, um irgendeinem – wie auch immer gearteten – Gesprächspunkt thematisch auszuweichen, sondern weil wir in Ihren mündlichen wie schriftlichen Beiträgen jene Ansatzpunkte vermissen, die für eine redliche, aufbauende Gesprächsentwicklung unabdingbar sind. Die Ausführungen in Ihrem letzten Schreiben bestätigen uns einmal mehr in unserem gefassten Beschluss."*[36] Bei den angeführten strittigen Gesprächspunkten dürfte es sich bereits damals um die Stellung zur Bibel, zur Trinität und den Glaubensbekenntnissen gehandelt haben, die auch bei den späteren Gesprächen ab 2000 eine Rolle spielten. In den Jahren nach 1985 kam es innerhalb der AGdS zu erheblichen Spannungen, die dazu führten, dass in größerem Umfang Mitglieder und Amtsträger zur VAG übertraten. Auf Initiative der NAK wurden ab 2000 wieder mehrfach gemeinsame Gespräche geführt.

Mit der „Hersteld Apostolische Zendingskerk" in den Niederlanden wurden in den letzten Jahren wohl intensive Gespräche über einen möglichen Zusammenschluss, allerdings ohne Ergebnis, geführt.

Zu den mitgliederstarken Gemeinschaften „Apostelamt Jesu Christi" (vorwiegend in Ostdeutschland) und „Het Apostolisch Genootschap" (hauptsächlich in den Niederlanden) bestehen keine Kontakte.
Ebenso wenig zur „Apostolischen Gemeinde Wiesbaden" des Apostels Rockenfelder.

---

[36] Zitiert nach dem Artikel „Aktivitäten zur Ökumene apostolischer Christen" auf der Internetseite der AGdS, http://www.apostolische-gemeinde-des-saarlandes.de/html/archiv.html

Apostolat und Amtsverständnis

Apostolat

Die „Wiederentdeckung des Apostolats" war das wesentlichste Merkmal der apostolischen Erweckungsbewegung des 19. Jahrhunderts. Sie ist auch heute noch untrennbar mit der Identität aller apostolischen Gruppen verbunden, wenn auch die Frage nach der Autorität des Apostelamtes von den unterschiedlichen apostolischen Gemeinschaften sehr unterschiedlich gesehen wird.

Die freien apostolischen Gemeinden der VAG übernahmen erst einmal die neuapostolischen Lehrauffassungen unverändert. Lediglich das Stammapostelamt wurde aufgegeben und man kehrte zu einem Kollegialitätsprinzip katholisch-apostolischer Prägung zurück, welches auch im RAG Anwendung fand. Dort wurde nach einiger Zeit der Neuorientierung auf einer Bezirksvorsteherkonferenz in Netzschkau am 27. und 28. April 1924 der „Reformiert-Apostolische Gemeindebund" mit seinem Leitungsorgan dem „Bundeskonzil" gegründet. In Westdeutschland blieb nach der Trennung 1955 Apostel Kuhlen für viele Geschwister lange Zeit „ihr Stammapostel". Er war der Bezirksapostel und designierte Stammapostel in der NAK gewesen und dieses hierarchische Denken blieb bei vielen Geschwistern noch recht lange erhalten. Die anderen rheinischen Apostel, z.B. Dehmel und Dunkmann, hatten nie den Status oder die Autorität eines Apostel Kuhlen. In den nord-, süd- und ostdeutschen Gemeinden, die bereits teilweise 1921 entstanden waren, war die Situation etwas anders.

Auf der oben erwähnten konstituierenden Bezirksvorsteherversammlung des RAG 1924 wurde ein Glaubensbekenntnis mit vier Artikeln angenommen. Die Artikel 1 bis 3 entsprachen weitgehend dem Text des altkirchlichen Nicänischen Glaubensbekenntnisses, allerdings doch mit einigen Veränderungen. In den Artikel 3 wurde das Bekenntnis zum Apostelamt eingefügt. Nun hieß es im Bekenntnis, dass der Heilige Geist die Kirche regiert - aber unverändert nur durch Apostel. Im Artikel 4 hatte man versucht, Aussagen zur Kirche, zu den Sakramenten, zur Wiederkunft Christi und zu den letzten Dingen zusammenzufassen.

1958 erhielt die gesamte europäische VAG mit dem „Lehrbuch für apostolische Christen" auch ein eigenes Glaubensbekenntnis mit neun Artikeln. Dieses Bekenntnis war im Grunde das gleiche wie das vorherige "zweite" 10-Artikel-Bekenntnis der NAK. Lediglich der Artikel 10 mit dem Bekenntnis zur Obrigkeit war darin weggelassen worden, deshalb blieben nur 9 Artikel übrig. Außerdem wurde eine wesentliche Entstellung der NAK in Bezug auf das Apostelamt fallen gelassen. Im NAK-Bekenntnis von 1951 wurde der „Aufgabenkatalog“ der Apostel erweitert. Es hieß nun in Artikel 4: „[...] dass er seine Apostel gesandt hat und noch sendet mit dem Auftrag, zu lehren, in seinem Namen Sünden zu vergeben und mit Wasser und dem Heiligen Geist zu taufen.“[37] Zum Lehren und Taufen kam noch die Aufgabe der Sündenvergebung hinzu. In einer zugespitzten Art und Weise wurden die Glieder der Kirche damit vom Amt des Apostels abhängig gemacht. Nur wo Apostel nach neuapostolischem Verständnis wirkten, konnte Sündenvergebung stattfinden. Außerdem wurde die alte Formulierung „alle Völker der Erde“ weg gelassen. Im Bekenntnistext der VAG von 1958 wird der Passus der Sündenvergebung wieder fallen gelassen und es heißt statt dessen: „[...] und dass er seine Apostel gesandt hat und noch sendet, gleichwie er vom Vater in die Welt gesandt ist, damit sie in seinem Namen und Auftrage alle Völker der Erde lehren und taufen sollen.“[38]

Die furchtbaren Erfahrungen der Kirchenspaltungen 1954/55 ließen an eine umfassende Reformation der Lehre für die VAG zu diesem Zeitpunkt gar nicht denken.

„Das Stammapostelamt, welches sich wieder einmal als letzte Instanz der Unversöhnlichkeit erwiesen hatte, sollte in den neu entstandenen Gemeinden nicht mehr existieren. Es wurde abgeschafft. Von der unbiblischen „Botschaft“ hatte man sich eindeutig distanziert, was sich schließlich 1960 durch den Tod Johann Gottfried Bischoffs als richtig erwiesen hatte. Alle Handlungen für Tote wurden recht bald eingestellt. Das Bekenntnis von 1958 lässt sich heute also nur vor dem Hintergrund dieser schwierigen innerkirchlichen Situation verstehen. Neben einigen sprachlichen Veränderungen und einigen Kürzungen sind vor allem folgende Aspekte zu nennen: Die gravierenden Lehrveränderungen von 1951 wurden weitestgehend übernommen. Es war den Gemeinden der VAG zu dieser Zeit leider nicht möglich, sich davon frei zu machen. So konnte man sich weder im Kirchenverständnis, noch im Amts- und Sakramentsverständnis

---

[37] Fragen und Antworten über den neuapostolischen Glauben, Frage 299, Frankfurt am Main 1951, S. 112

[38] Lehrbuch für apostolische Christen, Kamp-Lintfort 1958, S. 75

von den Verwerfungen der vorangegangenen Jahre lösen. In dieser Tatsache lag die Ursache für spätere Auseinandersetzungen mit der Glaubenslehre, die unausweichlich wurden."[39]

Im 4. Artikel des Glaubensbekenntnisses von 1958 heißt es: „Ich glaube, dass der Herr Jesus seine Gemeinde durch Apostel regiert und dass er seine Apostel gesandt hat und noch sendet,[...]"[40]

Das Glaubensbekenntnis von 1984 mit sechs Artikeln ist ein deutlicher Akt der Reformation. Es lautet: „Ich glaube, dass Jesus Christus das Haupt seiner Kirche ist, die er durch den Heiligen Geist regiert und versorgt, und dass er dazu Apostel gesandt hat und noch sendet."[41]

„Der Artikel 4 ist eine völlige Neuformulierung. Jesus Christus ist das Haupt der Kirche. Deshalb darf sich kein kirchlicher Leiter, kein Apostel oder Gemeindevorsteher als ‚Haupt' der Kirche oder der Gemeinde, als ‚Stellvertreter Christi', ‚Christus dieser Zeit' oder als ‚wiedergekommener Christus' bezeichnen. Wohl dürfen sie, wenn sie rechte Diener sind, die ihnen Anvertrauten führen, aber nur in der Weise, dass es Christus ist, der durch sie wirkt. Sie müssen sich stets bewusst bleiben, dass sie nur Knechte und Diener Christi sind (1 Tim 4,6). Jesus Christus regiert seine Kirche - durch den Heiligen Geist! In dieser Weise ist es in der ganzen Geschichte der apostolischen Gemeinden das erste Mal, dass es hier eben nicht heißt: ‚Christus regiert durch Apostel', sondern ‚Christus regiert durch den Heiligen Geist'. Dass er für seine Regentschaft Dienstgaben und Dienstordnungen gibt, dass es Verantwortung in der Leitung der Gemeinden gibt, alles das ändert nichts daran, dass kein Mensch, auch kein Amt die Kirche regiert. Eine solche Formulierung im Bekenntnis war nur möglich, weil das eigene Kirchenverständnis eine gründliche Reformation erfahren hat."[42]

Das WWG Band 2 führt 1990 hierzu aus: „Die Apostel sind die Erstverantwortlichen für alle Aufgabenbereiche in der Gemeinde, so im besonderen die lautere Verkündigung des Evangeliums, die Durchführung der Seelsorgedienste, die Darreichung der Sakramente ein-

[39] Knauth, Matthias: Glauben und Bekennen in: Der Herold Juli 2003, S. 137

[40] Lehrbuch für apostolische Christen, Kamp-Lintfort 1958, S. 75

[41] Vereinigung der Apostolischen Gemeinden, Was wir glauben, Band 1, Zürich 1984, S. 13

[42] Knauth, Matthias: Glauben und Bekennen in: Der Herold Juli 2003, S. 123-140

schließlich Schuldvergebung. Sie ordinieren Amtsbrüder und weisen ihnen ihren Arbeitsbereich in den Gemeinden an. Sie unterweisen die Amtsbrüder in Wort und Schrift und pflegen den brüderlichen Austausch nach der Anweisung Jesu: ‚Einer ist euer Meister, ihr aber seid alle Brüder' (Mt. 23,8).“[43]

Eine Heilsnotwendigkeit des Apostelamtes oder gar „einzige Vermittlertätigkeit des Heiligen Geistes“, wie im neuapostolischen Verständnis, wird hier erstmals negiert. Es gilt die These, dass die Apostel Gehilfen im Glauben seien und nicht Herren des Glaubens. Auch erheben die europäischen Apostel der VAG keinen Anspruch auf Universalität, sondern beschränken sich auf ihre apostolische Autorität innerhalb der Vereinigung. „Die Apostolische Gemeinschaft ist bestrebt, ihre innerkirchliche Struktur am Vorbild der urchristlichen Gemeinden auszurichten. Die Leitung der Gemeinschaft nehmen Apostel wahr. Diese in Freikirchen sonst nicht übliche Amtsbezeichnung erhebt keinen exklusiven Anspruch, sondern bezeichnet einen von Jesus berufenen und bevollmächtigten Dienst.“[44]

Dort üben sie das oberste Lehr- und Leitungsamt aus. Gleichzeitig wird ‚apostolischer Dienst' und ‚apostolische Vollmacht' nicht nur für die eigene Gemeinde angenommen, sondern auch zugestanden, dass sie potenziell überall in der Kirche Christi vorhanden sein können, ohne dass ein explizites ‚Apostelamt' dort existieren muss.[45] Seit Mai 2005 ist auch das Sakrament der Versiegelung nicht mehr an das Apostelamt gebunden.

Amtsverständnis

Das Verständnis der anderen kirchlichen Ämter ist naturgemäß mit dem Apostolatsverständnis verbunden und änderte sich entsprechend.

Im Lehrbuch von 1958 schrieben die damaligen Kirchenleiter im 5. Glaubensartikel: „Ich glaube, dass sämtliche Ämter in der Gemeinde

---

[43] Vereinigung der Apostolischen Gemeinden, Was wir glauben, Band 2, Flamatt 1990, S. 47

[44] Apostolische Gemeinschaft, Faltblatt „Zu Ihrer Information“, Düsseldorf 2003

[45] Gaßmeyer, Rudolf: Was ist apostolisch? in: Der Herold März 1994, S. 43-46

Christi von Aposteln berufen und ausgesondert werden."[46] Sie befanden sich hier in traditionellem neuapostolischem Bewusstsein, nach dem die anderen Ämter ohne das Apostelamt keine eigene Daseinsberechtigung hatten. Im 5. Glaubensartikel der NAK hieß es noch 1992: „Ich glaube, dass sämtliche Ämter in der Kirche Christi nur von Aposteln erwählt und in ihr Amt eingesetzt werden und dass aus dem Apostelamt Christi sämtliche Gaben und Kräfte hervorgehen müssen, auf dass, mit ihnen ausgerüstet, die Gemeinde ein lesbarer Brief Christi werde."[47]

An der Spitze der Gemeinde und über den ordinierten Mitarbeitern stehen auch in der VAG ab 1956 die Apostel als Gesandte des Herrn. Darin ist auch das Verständnis angelegt, dass die Amtsgaben, die in den katholisch-apostolischen Zeiten als charismatische Gaben eine zentrale Rolle spielten, hier dem Apostelamt untergeordnet sind. Es ist ein hierarchisches Amtsstufenmodell neuapostolischer Prägung entstanden. Dies wird auch durch die Aufzählung der Ämter in Frage 184 deutlich: „Welche Ämter gibt es in der Gemeinde? Apostel, Bischof, Ältester, Evangelist, Hirte, Priester, Diakon, Unterdiakon."[48] Die langjährige Ordinationspraxis in der VAG repräsentiert diese Anschauung. Amtseinsetzungen erfolgten immer zuerst in das Diakonenamt. Das Unterdiakonenamt wurde in den sechziger Jahren abgeschafft. Danach wurde man in „höhere Ämter befördert".

Noch in einem Jugendleiterprotokoll von 1999 wird diese – zu diesem Zeitpunkt eigentlich überholte und immer schon falsche Vorstellung, noch als für manche Geschwister zutreffend angeführt.

Mit dem Reformationsprozess wurde ab den 1980er Jahren zunehmend seltener von „Amt" als vielmehr von „Dienst" gesprochen. Alle diese Dienste haben nach dem neuen Denken direkt ihren Auftrag und ihre Vollmacht von Jesus Christus. Er selbst ist der eigentliche Ordinator.[49] Die verschiedenen Amtsgaben (Apostel, Prophet, Evangelist, Hirte, Lehrer, Diakon) werden ähnlich wie zu katholisch-apostolischer Zeit mehr als unterschiedliche Charismen verstanden, die nebeneinander und nicht hierarchisch übereinander stehen. Dies

---

46 Lehrbuch für Apostolische Christen, Kamp-Lintfort 1958, S. 76

47 Fragen und Antworten über den neuapostolischen Glauben, Frage 231, Zürich 1992, S. 106

48 Lehrbuch für Apostolische Christen, Kamp-Lintfort 1958, S. 59

49 Vereinigung der Apostolischen Gemeinden, Was wir glauben, Band 2, Flamatt 1990, S. 43

schließt natürlich nicht aus, dass einzelnen Ämtern/ Diensten eine Leitungsfunktion zukommt (Ältester, Bischof, Apostel). „Wir verstehen unter der kirchlichen Hierarchie eine Verteilung von Verantwortung, wobei der eine Amtsträger ein größeres ‚Feld' an Verantwortlichkeit hat als der andere."[50]

Trotz dieser „Reformation" klafft auch heute noch eine Lücke zwischen dem theoretisch-theologischen Anspruch und den tatsächlichen Gegebenheiten.

Die neun europäischen Apostel der Vereinigung Apostolischer Gemeinden haben auf Ihrer Konferenz im Juni 2003 den Weg für die Ordination von Frauen freigemacht. Seit vielen Jahren wurde über dieses Thema in den Gemeinden und Bezirken diskutiert. Im Jahr 2000 schon wurde auf der internationalen Apostelkonferenz in Johannesburg, Südafrika beschlossen, dass derartige Beschlüsse nicht mehr der Zustimmung aller Apostel der VAG bedürfen und so regionalen Unterschieden Rechnung getragen werden kann. Dieser Beschluss führte in einigen Bezirken zu Klärungsbedarf. Im Februar 2004 wurden im Bezirk Wesel durch Apostel Wilfried Baron erstmals drei Frauen zu Diakoninnen ordiniert, im Neujahrsgottesdienst 2005 dann im Bezirk Düsseldorf ebenfalls. Im Apostelbezirk Köln gibt es in der Gemeinde Düren seit Neujahr 2006 eine Frau als Diakonin. Im Frühjahr 2005 wurde auch in den niederländischen Gemeinden eine Frau als Diakonin ordiniert. Später folgten dann Ordinationen in Ost-, Süddeutschland und dem Saarland. Am 29. Juli 2007 wurde dann durch Apostel Den Haan die niederländische Diakonin als erste Priesterin für die Gemeinde Enkhuizen ordiniert.

Allgemeines Priestertum

Bereits 1990 stellten die Apostel im zweiten Band des WWG fest, dass die Gemeinde selbst durch den Heiligen Geist verschiedene und einander ergänzende Gaben empfangen hat. „Neben diesen charismatischen Gaben (Gnadengaben) fährt Jesus fort, durch den Heiligen Geist Menschen für das ordinierte Amt auszuwählen und zu berufen. Das ordinierte Amt, das selbst ein Charisma ist, darf nicht zu einem Hindernis für die Vielfalt der Charismen in der Gemeinde werden."[51] Hier wird das allgemeine Priestertum der Gläubigen her-

50 ebd., S. 46
51 ebd., S. 43

vorgehoben. Dieses wird auch in einem Kindergottesdienstmitarbeiterprotokoll vom Herbst 1996 unterstrichen: „Gemeinde lebt von Gottes Gaben! – Alle sind begabt, alle sind berufen – und nicht: wenige ‚dienen' und viele lassen sich ‚bedienen'. Die Gabe Jesu an seine Gemeinde sind begabte Menschen."[52]

Apostel Volkmer aus Dresden schreibt in einem Heroldartikel zu diesem Thema im Jahr 2003: „Alle Gemeindeglieder sollten sich wieder bewusst machen, dass Gott sie durch seinen Geist alle begabt hat. Deshalb versteht sich eine intakte christliche Gemeinde als Arbeits- und Dienstgemeinschaft, als ein lebendiger Organismus, an dem jedes Mitglied seine individuelle Aufgabe (Dienst) zum Wohle der Gesamtgemeinde wahrzunehmen hat. Hat man dies erkannt und ist ein gabenorientiertes Engagement Praxis, braucht eine Gemeinde keine Angst um ihre Zukunft zu haben. In diesem Zusammenhang bricht sich erneut ein Umdenkungsprozess Bahn: Durch den Heiligen Geist wird klar, dass eine hierarchische, pyramidisch strukturierte Amtskirche nicht zukunftsträchtig sein kann. Ein mit vielen Gaben bestückter Kreis, der sich bevollmächtigt und aktiv um den Mittelpunkt Jesus Christus bewegt, kann der Gemeinde Wachstum und Zukunft bringen. Sicherlich wird es nach wie vor unterschiedliche Verantwortungsbereiche geben, um die vielen Aufgaben einer Kirche/Gemeinde seelsorgerlich, missionarisch, arbeitsorganisatorisch und leitungsmäßig funktionstüchtig zu halten. [...] Alle (Dienst-) Gaben sollten sich zusammen als ein vom Geist Christi gesteuertes Team verstehen, das der Sache Jesu Christi opferfreudig je nach Gabe und Vermögen dient."[53]

Die VAG ist auf dem Weg von der 'reinen' Amtskirche hin zur gabenorientierten Mitarbeiterschaft.

Demzufolge sind in vielen Gemeinden und Bezirken nach dem Modell der „natürlichen Gemeindeentwicklung"[54] Gabentests durchgeführt worden, die erstmalig einer breiteren Basis unter den Geschwistern ihre Gaben verdeutlichten. Auch gibt es an verschiedenen Orten bereits neue Modelle der Gemeindeleitung. Diese wurde traditionell von einem Vorsteher mit mehr oder minderer Beteiligung der ordinierten Brüder versehen. Neuerdings gibt es Gemeindelei-

---

52 Der Herold September 2003, S. 169

53 Volkmer, Frank: Amt - Auftrag - Dienst - Gabe - Aufgabe, in: Der Herold September 2003, S. 167-169

54 siehe Fußnote Nr. 5

tungskreise, wo die Gemeindeleitung kollektiv (mit dem Vorsteher als Ansprechpartner bzw. Sprecher) von den Gemeinde-Gruppenleitern ausgeübt wird, oder Modelle, wo zusätzlich zum Brüderkreis, Mitarbeiter oder Mitarbeiterkreise die Leitung ausüben. Für die Zukunft wird an einigen Orten überlegt, Geschwister in die Gemeindeleitung zu wählen, die bestimmte Aufgaben auf Zeit übernehmen.

Es bleibt zu hoffen, dass durch den zukünftigen Dienst weiblicher Amtsträger und die Einbringung der unterschiedlichen gemeindlichen Gaben verstärktes inneres und äußeres Gemeindewachstum möglich wird.

Sakramentsverständnis

Die apostolische Bewegung kennt traditionell im Gegensatz zu den katholischen oder protestantischen Kirchen drei Sakramente. Neben den allgemeinen christlichen Sakramenten der Taufe und des Abendmahls gibt es noch die sogenannte Versiegelung[55], die die englischen Apostel 1847 einführten. Insbesondere bei der Taufe und bei der Versiegelung gibt es die größten Veränderungen und Umdeutungen im Zeitablauf in den apostolischen Gemeinschaften. Ähnlich wie das Apostelamt haben alle apostolischen Gruppen dieses Sakrament beibehalten, aber gegenüber dem neuapostolischen Verständnis umgedeutet. Das Abendmahlsverständnis ist bisher von Veränderungen weitgehend unberührt geblieben.

Die katholisch-apostolischen Gemeinden kannten kein eigenes, selbstformuliertes Bekenntnis. In der neuapostolischen Zeit wurde 1908 von Stammapostel Niehaus erstmals ein eigenes Bekenntnis formuliert und in „Fragen&Antworten" veröffentlicht. Ab 1908 gab es dann kleinere und größere Änderungen in mehreren Schritten. Die Veränderungen der Artikel 4-10 bewirkten nach und nach eine Absonderung von der allgemeinen Christenheit. Die VAG hat dann im Laufe ihrer fünfzigjährigen Geschichte inzwischen 3 Bekenntnisse hervor gebracht. 1958 wurde ein 9-Artikel-Bekenntnis formuliert. 1984 dann ein klareres 6-Artikel-Bekenntnis und 2005 wurde das ökumenische „Apostolikum" eingeführt. Zusätzliche Glaubensartikel fielen weg.

In der VAG gab es mit dem WWG1 die erste große Abkehr von den neuapostolischen Glaubensaussagen. Gegenwärtig wird das Sakramentsverständnis erneut im Lichte der Heiligen Schrift erforscht und in den Gemeinden diskutiert. Dabei treten teilweise große Auffassungsunterschiede zutage, da offenbar wird, dass noch nicht überall die reformatorischen Schritte der achtziger Jahre umgesetzt bzw. nachvollzogen wurden und somit weitergehende Neuerungen teils auf Unverständnis stoßen.

Die Apostel der VAG formulierten 2001 in einem Arbeitspapier: „Allein der geschichtliche Rückblick zeigt, wie unterschiedlich und zum Teil auch sehr menschlich geprägt sich das Verhältnis zu den Sakramenten in den Kirchenabteilungen entwickelt hat. Obwohl uns das

[55] mehr hierzu siehe im Kapitel „Versiegelung" ab S. 40ff

Evangelium lehrt, dass Gott sein Heil allen Menschen zugedacht hat, hat es ausgerechnet durch die Lehre von den Sakramenten eine Reihe von Verurteilungen und Ausgrenzungen gegeben, die man nur aufs tiefste bedauern kann."[56]

„Aus diesen Betrachtungen [zur geschichtlichen Entwicklung, d. Verf.] erwächst die Erkenntnis, dass die "Lehre von den Sakramenten" keine biblische Vorgabe ist. [...] Die Wichtigkeit einer solchen Sakramentenlehre tritt nach dieser Erkenntnis ein gutes Stück zurück. Umso stärker wird die Überzeugung dass die "Lehre von der Heilsnotwendigkeit der Sakramente" im herkömmlichen Sinne abzulehnen ist. [...] Heilsnotwendig ist allein die Gnade Jesu Christi. Diese Gnade soll im Wort verkündet, im Sakrament zeichenhaft dargestellt und vom Empfänger bekenntnishaft angenommen werden."[57]

Bereits die Autoren des WWG beschrieben die drei Sakramente als zusammen gehörig: „Die drei Sakramente bilden sozusagen eine Dreieinheit, oder anders gesagt: Sie sind zwar zu unterscheiden, jedoch nicht zu scheiden."[58] Die gegenwärtig entstehende Auffassung unterstreicht dies, da bei den Ausführungen zu den einzelnen Sakramenten immer wieder betont wird, dass die Sakramente sich jeweils gegenseitig einschließen.

„Ein Sakrament ist eine heilige Handlung, in der wir den Bund Gottes mit uns Menschen feiern. Es ist Nachvollzug und bildhafte Sichtbarmachung des Heilshandelns Gottes in Jesus Christus im Leben eines Menschen und dessen gläubige, bejahende und bekennende Antwort. Es ist ein Zeichen unserer Bundesbeziehung zu Gott."[59]

Taufe

Den katholisch-apostolischen Aposteln und Gemeinden galt die Taufe als „Eingliederung in den Leib Christi". Sie bekannten sich in ihrem Testimonium von 1835 ausdrücklich zur Einheit der Christen, die mit der Taufe beginnt. In der Abhandlung „Über das Sakrament der Tau-

---

56 Arbeitspapier zum Thema Sakramente, Düsseldorf April 2001, S. 2

57 ebd., S. 3

58 Vereinigung der Apostolischen Gemeinden, Was wir glauben, Band 1, Zürich 1984, S. 162

59 Vereinigung der Apostel der Apostolischen Gemeinden, Sakramente in apostolischen Gemeinden, Düsseldorf Mai 2005, S. 15

fe“ schreibt Apostel Carlyle: „Das Sakrament der Taufe mit Wasser, durch einen von Gott Bestimmten, vollzogen im Namen des Vaters, des Sohnes und des Heiligen Geistes, macht uns zu Gliedern Christi. Es können auch andere an ihn glauben, aber allein die Getauften sind seine Glieder.“[60] Martin Luther sah dies übrigens anders: „Es kann auch einer glauben, wenn er gleich nicht getauft ist; denn die Taufe ist nicht mehr als ein äußerliches Zeichen, das uns an die göttliche Verheißung erinnern soll. Kann man sie haben, so ist's gut, dann nehme man sie; denn niemand soll sie verachten. Wenn man sie aber nicht haben könnte, oder sie einem versagt würde, ist er dennoch nicht verdammt, wenn er nur dem Evangelium glaubt."[61]

In den neuapostolischen Bekenntnissen von 1908 und 1916 wurde die Taufe ebenfalls als „Kaufzeichen des Lammes“ und „Bad der Wiedergeburt“ bezeichnet, mit dem „der Mensch als Glied dem Leibe Christi einverleibt wird.“[62] Nach der Trennung des RAG im Jahre 1921 bekannte dieser nach dem neuen 4-Artikel-Bekenntnis von 1924 bis 1958 ebenfalls die Taufe als das „Bad der Wiedergeburt“ und als die Eingliederung in den Leib Christi. „Im Unterschied zur Entwicklung in den neuapostolischen Gemeinden begann also die Mitgliedschaft (im RAG, Anm. des Autors) mit der Taufe. Diese Praxis blieb bis zum Zusammenschluss mit der ‚Apostolischen Gemeinschaft‘ 1994 bestehen.“[63]

Mit dem neuen neuapostolischen Bekenntnis von Stammapostel J.G. Bischoff von 1951 wurde dann auch schriftlich nachvollzogen, was seit Längerem an Glaubenspraxis in der NAK eingetreten war. Die Taufe wurde nunmehr nur als „ein Bestandteil der Wiedergeburt“ betrachtet. Mit ihr wurde man nicht mehr „Glied des Leibes Christi“, sondern erhielt lediglich noch die „Anwartschaft zur Empfangnahme des Heiligen Geistes“.[64] In anderen Kirchen vollzogene Taufen müssen in der NAK bei der Aufnahme auch heute noch bestätigt werden.[65] Erst seit Januar 2006 gibt es eine offizielle Verlautbarung der

---

60 Carlyle, Thomas: Über das Sakrament der Heiligen Taufe, nach dem Download-Text a-0036.zip der Homepage www.apostolic.de

61 Informationsbrief der Bekenntnisbewegung "Kein anderes Evangelium", Nr. 202, Filderstadt 2000, S. 13

62 Glaubensbekenntnis der Neuapostolischen Kirche von 1908, Artikel 6

63 Knauth, Matthias: Glauben und Bekennen in: Der Herold Juli 2003, S. 128

64 Fragen und Antworten über den neuapostolischen Glauben, Frage 299, Frankfurt am Main 1951, S. 112

65 Neuapostolische Kirche International, Hausregeln, Zürich 1997, 3. Auflage S. 15f

NAK, dass Taufen anderer Kirchen, die trinitarisch vollzogen wurden, nicht mehr nachträglich bestätigt werden müssen.

Apostel Knauth führt in einem umfangreichen Aufsatz aus: „Die Taufe galt schon längst nicht mehr als das einigende Band der Christenheit. Nun wurde sie wirklich zur Johannestaufe degradiert. [...] Was hat doch dieser Bestandteilglaube allen Lehrenden für Not gemacht. Zur Taufe in anderen Gemeinschaften hieß es: „Sie hat keinen größeren Wert als eine Nottaufe vor ihrer Bestätigung. Es ist also zu einer Bundesschließung mit Gott nicht gekommen, da die Handlung unvollständig ist." Es ist eigentlich unfassbar, mit welcher Willkür biblische Texte so interpretiert wurden, dass sie selbst zu solchen Aussagen passten. Die mit Wasser Getauften mussten dann von einem Apostel mit Heiligem Geist getauft werden, aber nicht mehr nur wie bisher, um Erstlinge zu werden, sondern damit sie „als Glieder dem Leib Christi eingefügt werden". Wurden also nach dem Bekenntnis bis 1938 noch die Getauften dem Leib Christi eingefügt, so galt das nach dem Bekenntnis von 1951 nur für die Versiegelten. Die Taufe wurde herabgewürdigt zu einer „Taufe mit Wasser" und die Versiegelung wurde erhoben zu der „Taufe mit Heiligem Geist". Das hieß im Klartext: Jeder, der außerhalb der Gemeinschaft derer stand, die nach dieser Lehre durch einen Apostel versiegelt wurden, gehörte nicht zum Leib Christi, der christlichen Kirche, der Gemeinschaft der Kinder Gottes. Konnte man sich eigentlich noch deutlicher separieren? Musste man sich denn wundern, dass einer solchen Kirche der Vorwurf der Sektiererei gemacht wurde? Nein, darüber musste sich wahrhaftig niemand wundern!"[66]

Ebenfalls wurde mit dem neuen Bekenntnis die hauptsächliche Aufgabe der Apostel in eine andere Richtung verschoben. Die Formulierung „zu lehren und zu taufen alle Völker der Erde" ließ man weg und legte den Schwerpunkt auf die Aufspaltung der Taufe in eine Taufe „mit Wasser" und eine Taufe „mit Heiligem Geist": „[...] mit dem Auftrag zu lehren, in seinem Namen Sünden zu vergeben und mit Wasser und dem Heiligen Geist zu taufen."[67] Diese Formulierungen gelten noch heute. Während die Bedeutung des Apostelamtes und der an dieses Amt gebundenen Versiegelung weiter aufgewertet wurde, wurde die Bedeutung der Taufe weiter abgewertet."

---

66 Knauth, Matthias: Glauben und Bekennen in: Der Herold Juli 2003, S. 135

67 Fragen und Antworten über den neuapostolischen Glauben, Frage 299, Frankfurt am Main 1951, S. 112

Nach der Spaltung 1921 in Sachsen wurde die Einheit der Christenheit von den Aposteln der RAG wieder mehr hervorgehoben. Aber es ist auch unverkennbar, wie diese Einheit aussehen sollte: Es sollten alle so werden wie die Apostolischen. Die Taufe wurde im 4-Artikel-Bekenntnis als das „Wasserbad im Wort" bezeichnet und die Versiegelung als „Heiligung des Geisteslebens".

Obwohl das 4-Artikel-Bekenntnis neue Formulierungen zu Taufe und Versiegelung einführte, galt wie oben bereits erwähnt im RAG von 1924 bis 1958 die Taufe als das Bad der Wiedergeburt und als die Eingliederung in den Leib Christi. Mitglieder wurden im RAG bis zum Zusammenschluss mit der ‚Apostolischen Gemeinschaft' 1994 mit der Taufe ins Kirchenbuch eingetragen. Dies war in der übrigen europäischen VAG anders. Dort begann die Mitgliedschaft erst mit der Versiegelung, was die Apostel 1992 in ihren ‚Anleitungen für die apostolischen Amtsbrüder' noch einmal betonten.[68] (siehe auch die Ausführungen im Kapitel zum Kirchenverständnis)

Mit dem neuen 6-Artikel-Bekenntnis von 1984 beschritten die Apostel der VAG auch bei der Sakramentenlehre Neuland. „Bei den Ausführungen über die Sakramente finden wir allerdings noch nicht diese radikale Neubesinnung wie bei den Ausführungen über die Kirche Christi. Die Lehre von den Bestandteilen der Wiedergeburt ist hier nicht völlig überwunden. Denn von allen drei Sakramenten zusammen wird in Artikel 5 bekannt: „Ihr gläubiges Ergreifen bewirkt die Wiedergeburt[...]" [69]

Dennoch ist eine deutliche Aufwertung der Taufe den Ausführungen des WWG1 zu entnehmen. Die Taufe wird wieder wie zur apostolischen ‚Frühzeit' als „Aufnahme in den neuen Bund", als „Bad der Wiedergeburt" und als „Kaufzeichen des Lammes" bezeichnet. Die zentrale Bedeutung der Taufe sei „das Absterben des alten Menschen und die Auferstehung, die Wiedergeburt, zum neuen Menschen."[70] Außerdem wird ausdrücklich der noch verbreiteten Glaubensansicht widersprochen, die Wassertaufe hätte nichts mit dem Heiligen Geist zu tun, dieser würde hierbei nicht mitwirken, da dies

---

[68] „Die Mitgliedschaft zur Apostolischen Gemeinde wird demzufolge von der Hinnahme beider Taufen bestimmt, da diese zusammengehören." in: Vereinigung der Apostel des Apostolischen Gemeinden, Anleitung für die Apostolischen Amtsbrüder, Ergänzung „Mitgliedschaft in den Apostolischen Gemeinden", April 1992, S. 2

[69] Knauth, Matthias: Glauben und Bekennen in: Der Herold Juli 2003, S. 138

[70] Vereinigung der Apostolischen Gemeinden, Was wir glauben, Band 1, Zürich 1984, S. 94

erst in der Versiegelung geschehe. „Für den Christusgläubigen ist es nicht schwer zu erkennen, dass die von Jesus eingesetzte Taufe eine göttliche Handlung bzw. eine Handlung des Heiligen Geistes ist. Wo aber Handlung des Heiligen Geistes ist, da vollzieht sich auch eine dieser Handlung gemäße Mitteilung des Heiligen Geistes."[71] Außerdem: „Der Heilige Geist ist in allen drei Sakramenten wirksam; seine Wirksamkeit beschränkt sich also nicht auf das Auflegen der Hände bei der Versiegelung. Heiliger Geist ist überall am Werk, wo göttliches Leben erweckt oder verstärkt wird, sei es durch Wort in allen seinen Formen, sei es durch die drei Sakramente, sei es durch direkte Offenbarungen Gottes." [72] Schließlich sagen die Apostel: „In der Lehre von der Taufe ist in der Christenheit durch Gottes gnädiges Walten ein einigendes Band erhalten geblieben. Somit treten alle, welche die Taufe empfangen haben, in einen Brüderbund ein."[73]

In den neunziger Jahren bemühte sich die nunmehr dritte ‚Apostelgeneration' der VAG das Verständnis von Kirche Christi und Taufe auf der Grundlage der Heiligen Schrift zu erweitern. Die hierbei gewonnenen Erkenntnisse sollen skizziert werden.

In einem Beschlusspapier von 2005 wird formuliert, dass die Begriffe „Wassertaufe" für die Taufe und „Geistestaufe" für die Versiegelung irreführend seien. Es wird bei diesen Begriffen impliziert, dass in der Wassertaufe kein Heiliger Geist wirken würde. Dies wird abgelehnt, da wir in der Taufe das Freiwerden von Schuld, die Eingliederung in den Leib Christi und die Wiedergeburt aus Wasser und Geist feiern. Sie schließt also das Abendmahl und die Versiegelung mit ein, wie schon oben in der Einleitung zu den Sakramenten von der Untrennbarkeit dieser geschrieben wurde.

Seit 2001 werden Mitglieder der VAG mit der Taufe in die Gemeinschaft aufgenommen und ins Kirchenbuch eingetragen. Man ist damit zur Tradition des RAG und anderer christlicher Kirchen zurück gekehrt, wonach man Mitglied der Kirche Christi und „Gotteskind" durch die Taufe wird.

„In der Taufe feiern wir den Bund Gottes, den er mit den Menschen macht. Die gläubige Annahme der Taufe bewirkt die Wiedergeburt

---

71 ebd., S. 95
72 ebd., S. 162
73 ebd., S. 99

aus Wasser und Geist, die Aufnahme in den neuen Bund, die Einpflanzung in den geistlichen Leib Jesu Christi. "[74]

Die Taufe erfolgt auf den Namen des dreieinigen Gottes. Dabei wird mit der Hand dreimal Wasser über den Täufling gegossen und das Kreuzzeichen beschrieben. Die Taufe ist das entscheidende Ereignis am Anfang eines Christenlebens. Sie ist auch die Voraussetzung für die Mitgliedschaft. Die Taufe anderer Kirchen wird ebenso wie die Taufe der VAG von den meisten Kirchen anerkannt.

Versiegelung

Die Versiegelung ist ein ‚urapostolisches' Sakrament. Es wurde von den englischen Aposteln 1847 eingeführt, um das abflachende Glaubens- und Geistesleben in den jungen Gemeinden erneut zu erwecken. Sie wurde erstmals vom Pfeilerapostel Cardale durchgeführt. Vielfach ist in der katholisch-apostolischen Literatur auch von ‚apostolischer Handauflegung' die Rede. „Die Versiegelung – Parallelen zur katholischen Firmung sind deutlich – hatte zunächst nicht den Rang eines Sakraments und wurde nur an erwachsenen Gemeindemitgliedern vollzogen. Durch die Versiegelung bekommen nach apostolischem Verständnis die Gläubigen auf der Grundlage der Taufe die besondere Kraft des Heiligen Geistes und seine siebenfachen Gaben mitgeteilt. Sie ist die Segnung zur Vollendung und Errettung in der Endzeit, das Angeld und Unterpfand der zukünftigen Herrlichkeit."[75] „Von da an, von Mai 1847 an ist es praktiziert worden, zunächst einmal sind die oberen Amtsträger versiegelt worden und dann auch andere Amtsträger und die Gemeindeglieder ab Oktober 1847 dann in Frankfurt, dann auch in Deutschland. Ich halte diese Handauflegung für einen sehr wesentlichen Punkt, ein wesentliches Pfund der apostolischen Bewegung, eine Botschaft in die anderen Kirchen hinein. Soweit will ich gehen. Setzt allerdings auch das Apostelamt voraus."[76]

Zu neuapostolischer Zeit wurde dann die Kinderversiegelung eingeführt und spätestens ab dem Bekenntnis von 1951 wurde die ‚Versiegelung' als die ‚Geistestaufe' eindeutig von der ‚Wassertaufe' ge-

---

[74] Vereinigung der Apostel der Apostolischen Gemeinden, Sakramente in apostolischen Gemeinden, Düsseldorf Mai 2005, S. 25

[75] Obst, Helmut: Apostel und Propheten der Neuzeit, Berlin 1990, S. 30

[76] Dr. Albrecht Schröter am 23.03.1999 bei einem Vortrag in Düsseldorf

trennt. Schon unter Stammapostel Niehaus wurde 1908 im 8. Artikel des Glaubensbekenntnisses formuliert: „Ich glaube, dass die getauften Gläubigen nur durch Handauflegung eines lebenden Apostels mit dem Heiligen Geist versiegelt werden müssen zur Erlangung der Erstlingsschaft, und dass durch die Versiegelung die empfangenen Gaben lebendig gemacht werden.“

Im Bekenntnis von 1951 verschärft die NAK den Text weiter: „Ich glaube, dass die mit Wasser Getauften durch einen Apostel zur Erlangung der Erstlingsschaft den Heiligen Geist empfangen müssen, wodurch sie als Glieder dem Leibe Christi eingefügt werden.“[77]

Mit diesen Formulierungen, die in der NAK bis heute gelten, wird das Kirchen- und Apostolatsverständnis auf die eigene Gemeinschaft verengt, denn nur wo es lebende Apostel gibt, kann demnach Heiliger Geist sein bzw. kann man durch eben diese Apostel in die Kirche aufgenommen werden. Im neuen Selbstbild, das am 4. Dezember 2007 vorgestellt wurde, wird diese exklusive Auffassung erneut bekräftigt und festgeschrieben.

Die Apostel der VAG haben das oben genannte Verständnis zunächst ebenfalls übernommen. Jedoch gab es ambivalente Haltungen, wie in den vorhergehenden Kapiteln bereits beschrieben wurde. Im Lehrbuch für apostolische Christen steht unter Frage 233 ‚Wer spendet den Heiligen Geist in der Gegenwart?‘ als Antwort ‚Die Apostel Jesu.‘[78]

Die WWGs der achtziger Jahre geben der Wassertaufe ihr ursprüngliches Gewicht zurück. Was das Apostolat betrifft, so wird dieses ebenfalls nicht mehr elitär verstanden. Auch die ‚Vereinnahmung‘ des Heiligen Geistes durch das Apostelamt wird aufgegeben. Es wird klargestellt, das der Heilige Geist als dritte Person Gottes und Teil der Trinität autonom ist und „weht wo er will“ und somit „[...] welche der Geist Gottes treibt, die sind Gottes Kinder.“[79]

---

[77] Fragen und Antworten über den neuapostolischen Glauben, Frage 299, Frankfurt am Main 1951, S. 112

[78] Lehrbuch für Apostolische Christen, Kamp-Lintfort 1958, S. 72

[79] Vereinigung der Apostolischen Gemeinden, Was wir glauben, Band 1, Zürich 1984, S. 52

Die Lehre von der Versiegelung wird als „vom Gesamtbild der christlichen Kirche her als notwendig“[80] bezeichnet. Sie wird in den Ausführungen mit der katholischen Firmung und einem ähnlichen orthodoxen Ritus verglichen. Ausdrücklich wendet man sich gegen die protestantische Auffassung, dass Wasser- und Geistes- bzw. Feuertaufe eins seien.

In den jüngst veröffentlichten Ausführungen heißt es: „In der Versiegelung feiern wir, dass der Heilige Geist von dem gläubig gewordenen Menschen Besitz ergreift. Heiliger Geist ist eine unverzichtbare Offenbarung Gottes. Seine Gegenwart im Leben des Menschen bewirkt die Erkenntnis des Sohnes Gottes, tröstet, lehrt und erinnert, leitet in alle Wahrheit, schenkt Kraft zum Zeugendienst, vertritt ihn im Gebet und bezeugt und bewirkt das Heil. Gott selbst ist es, der den Menschen in Christus versiegelt. Dies geschieht nach dem Maß der göttlichen Gnade zum Nutzen aller.

In der Versiegelung feiern wir die Wirksamkeit des Heiligen Geistes, der uns der Schuld überführt, Verbindung zu Gott schafft, und von Christus und dem durch ihn erworbenen Heil kündet und so Freiheit schenkt. So schließt sie das Heilshandeln Gottes in Taufe und Abendmahl mit ein, setzt aber einen besonderen Akzent. “[81]

Bisher wurde Versiegelung oft mit den Begriffen „Spendung des Heiligen Geistes“ bzw. „Handauflegung unter Mitteilung des Heiligen Geistes“ verbunden. Beide Formulierungen, - Heiligen Geist spenden bzw. Heiligen Geist mitteilen – werden als nicht biblisch begründbar angesehen. Die Formulierungen verleiten dazu, dem Apostel das Spenden und das Mitteilen zuzuschreiben. Bei sakramentalen Handlungen ist es jedoch Gott selbst, der handelt und berührt. Der zur Feier Beauftragte macht dieses Handeln lediglich deutlich und bewirkt das Sakrament nicht durch eigene Kraft. „Deshalb sollen diese beiden Formulierungen Heiligen Geist spenden bzw. Heiligen Geist mitteilen - zukünftig nicht mehr verwendet werden.“[82] Die Kinderversiegelung wird nicht mehr vorgenommen. Künftig wird frühestens zum Zeitpunkt der Konfirmation versiegelt.

---

80 ebd., S. 101

81 Vereinigung der Apostel der Apostolischen Gemeinden, Sakramente in apostolischen Gemeinden, Düsseldorf Mai 2005, S. 44

82 Arbeitspapier zum Thema Sakramente, Düsseldorf April 2001, S. 10

„Der Wortlaut bei der Feier der Versiegelung lautet: In dem Namen Gottes des Vaters, des Sohnes und des Heiligen Geistes: Der Herr, unser Gott, erfülle dich mit dem Heiligen Geist, mit dem er dich versiegelt hat, als du gläubig wurdest. Er erwecke in dir die Gaben dieses Geistes. Er schenke dir Erkenntnis seines Sohnes und Wachstum im Glauben nach dem Maß seiner Gnade."[83]

Einen sehr mutigen Schritt gingen die Apostel, als sie „alte apostolische Zöpfe" aufgaben und künftig die Versiegelung nicht mehr an das Apostelamt binden. „Die Versiegelung mit dem Heiligen Geist ist Gottes unmittelbares Handeln an christusgläubigen Menschen. Demzufolge ist sie keine Spendung des Heiligen Geistes durch ein Amt. Sie ist allein an den Glauben an Jesus Christus gebunden und nicht an das Apostelamt oder irgendein anderes Amt und auch nicht an die Handauflegung. Wir können deshalb die Erklärung, dass wir die Handauflegung eines Apostels ‚heilige Versiegelung' nennen, nicht aufrecht erhalten. Deshalb ist es begründet, aus dieser Erkenntnis die Konsequenz zu ziehen und die Feier der Versiegelung – wie die Feier der Taufe und des Abendmahles auch – nicht ausschließlich an das Apostelamt zu binden."[84]

Apostolische Christen sind außerdem nicht – wie in neuapostolischer Tradition geglaubt wurde - automatisch Erstling und Glied der Brautgemeinde. Die Zahl der 144.000 Versiegelten aus Offenbarung 7, die Menschen mit dem Siegel Gottes an ihren Stirnen aus Offenbarung 9 und die Zahl der 144.000 Erstlinge mit dem Namen des Lammes und dem Namen des Vaters an ihren Stirnen aus Offenbarung 14 lassen sich nicht einfach identifizieren mit denen, die nach den Zeugnissen der Apostelgeschichte und der Briefe mit oder ohne Handauflegung eine besondere Offenbarung Heiligen Geistes erfahren haben. Diese prophetischen Aussagen beschreiben göttliches Handeln der Endzeit und haben eine andere Bedeutung als es die bisher zitierten biblischen Aussagen beschreiben. Apostolische Christen sind deshalb nicht automatisch aufgrund der Handauflegung Erstlinge und Glieder der Brautgemeinde. Ihr Heil, wie das Heil aller Jünger und Jüngerinnen liegt allein im Glauben an Jesus

[83] Vereinigung der Apostel der Apostolischen Gemeinden, Sakramente in apostolischen Gemeinden, Düsseldorf Mai 2005, S. 44

[84] Vereinigung der Apostel der Apostolischen Gemeinden, Sakramente in apostolischen Gemeinden, Düsseldorf Mai 2005, S. 42

Christus. Damit lösen wir uns eindeutig von der Vorstellung, die Versiegelung sei an Automatismen gekoppelt.[85]

Sündenvergebung und Abendmahl

Wie die Überschrift dieses Kapitels andeutet, sollen hier zwei Themengebiete behandelt werden, die in sehr enger Beziehung zu einander stehen. Die Sündenvergebung ist zwar in apostolischen Gemeinden kein eigenständiges Sakrament, hat in der Vergangenheit aber in ihrer Bedeutung sicher die des Abendmahles überragt. Unmittelbar vor der Feier des Abendmahls wird in neuapostolischen und apostolischen Gemeinden die so genannte „Freisprache" praktiziert.

Auch andere Kirchen kennen vor dem Abendmahl eine Beichte bzw. Bußgelegenheit, zumindest aber ein Bußgebet, wie es auch das „Vater unser" ist. „Das Beten des Vaterunsers (in der VAG in der ökum. Fassung seit 1991) ist [...] Sündenbekenntnis vor Gott und Übergabe in Reue an ihn unter kräftigem Vorsatz zu besserem Wandel."[86]

Nach neuapostolischem Verständnis geschieht die Vergebung der Sünden durch die Freisprache des Apostels bzw. seines beauftragten Vertreters.

Im Katechismus der NAK von 1951 sind vier Bedingungen für die Schuldvergebung genannt: „Um der Freisprache teilhaftig zu werden, ist die *Einsicht* notwendig, dass der Mensch in seinen Unvollkommenheiten aus eigenem Vermögen nie die Gerechtigkeit erlangen kann, die vor Gott gilt; die *aufrichtige Reue* über die erkannten Schwächen und Fehler, dann der *ernsthafte Vorsatz*, sie zu überwinden und das *herzliche Verlangen*, mit Gott versöhnt zu werden."[87]

Im Katechismus von 1992 wurde diese Formulierung dann verschärft und enger auf die eigene Gemeinschaft bzw. ihr Amt bezogen: „Die Freisprache bewirkt die Vergebung der Sünden. Durch die Verkündi-

---

85 ebd., S. 40

86 Vereinigung der Apostel des Apostolischen Gemeinden, Anleitung für die Apostolischen Amtsbrüder, Düsseldorf 1990, S. 41

87 Fragen und Antworten über den neuapostolischen Glauben, Frage 274, Frankfurt am Main 1951, S. 103

gung der Worte: ‚In dem Namen unseres Herrn Jesus Christus sind euch die Sünden vergeben, und der Friede des Auferstandenen sei mit euch', werden die Apostel ihrem Auftrag gerecht "[88], Sünden zu vergeben, der - wie wir unter dem Amtsverständnis gesehen haben - erst sehr spät hinzugefügt wurde. Notwendige Voraussetzung, um an der Freisprache teilzuhaben ist jetzt ein fünfter Punkt, nämlich „das *gläubige Ergreifen* der Freisprache"[89], also der Glaube an die NAK und ihre Ämter.

Dies führte in apostolischen Gemeinden zu der Auffassung, dass man Sündenvergebung nur im Gottesdienst durch Apostel bzw. beauftragte priesterliche Ämter erfahren konnte und noch kann. Ein eigenständiger Zugang zur Schuldvergebung gegenüber Gott durch Bußfertigkeit zu jeder Zeit wurde und wird in der NAK auch heute noch ausgeschlossen.

Auch in der jungen VAG wurde dieses Sündenvergebungsverständnis lange Zeit beibehalten. Im Lehrbuch heißt es: „Wie wird man der Sündenvergebung teilhaftig? Durch ein reuiges Herz, bußfertiges und gnadesuchendes Herz und gläubiges Ergreifen der durch den Mund der Gottesboten verkündeten Freisprache von Sünden."[90] Zwar gesteht Apostel Kuhlen zu, dass auch das stille, eigene Gebet zur Sündenvergebung führe, es habe jedoch nicht die gleiche Befreiung: „Wo Sünder nur im stillen Gebet irgendwo Sündenvergebung von Gott erflehen, ohne danach hörbar Gnadenverkündigung zu vernehmen, da bleibt im Herzen große Ungewissheit und erfüllt die Seele nicht rechte Ruhe und köstlicher Frieden. Aber dort, wo Sünder unter dem Wirken von Aposteln Jesu des Herrn Gnade erbitten, da können sie durch Botschafter an Christi statt hörbar die Worte hinnehmen: Es sind euch im Namen Jesu die Sünden vergeben, und sein Frieden erfülle eure Herzen! Da ist selige Gewissheit, da ist den Begnadigten wohl in dem Herrn."[91]

In der gleichen Ausgabe des „Der Herold" setzt Apostel Gaßmeyer in seinem Artikel allerdings schon den Schwerpunkt auf die Buße. „Gottes Aufruf zur Buße lautet nicht: Tut Buße!, denn sonst wartet die Hölle auf euch! Er gab vielmehr jene herrliche Verheißung: Tut

---

88 Fragen und Antworten über den neuapostolischen Glauben, Frage 210, Frankfurt am Main 1992, S. 97

89 ebd., S. 98

90 Lehrbuch für Apostolische Christen, Kamp-Lintfort 1958, S. 68

91 Kuhlen, Peter: Wer kann Sünden vergeben?, Der Herold 1975, S. 122

Buße!, denn das Himmelreich ist nahe herbeigekommen! Die aus einem einsichtigen und redlichen Herzen kommende Buße führt zum Trost der Sündenvergebung und bringt dem Menschen Seelenruhe, inneren Frieden und Heiterkeit."[92]

Das WWG führt diesen Gedanken dann konsequent fort und revidiert die Aussagen des Lehrbuches für die Voraussetzungen der Sündenvergebung. Jetzt gehören dazu: der *Glaube*, dass Jesus die Brücke zwischen Mensch und Gott ist; die *aufrichtige Reue* über die eigene Sünde; die *Bereitschaft anderen zu vergeben*; der Wunsch der *Wiedergutmachung.*[93] Damit ist die Schuldvergebung vom Amt und der Kirche entkoppelt, was im Umkehrschluss natürlich nicht bedeutet, dass sie dadurch nicht auch möglich wäre!

Apostel i.R. Werner Weise aus Süddeutschland sagte dazu 2004: „Wir dürfen daran erinnern, dass es mit aller Ernsthaftigkeit genommen werden soll, dass wir unsere Schuld begreifen, dass wir unsere Erlösung durch Christus mit großer Dankbarkeit annehmen, Aber das geschieht im Innern und hier ist jeder einzelne von uns persönlich verantwortlich und sonst niemand. Und da möchte ich uns allen eine kleine Brücke bauen dürfen, wie's in den Evangelien steht. Da hatte jemand eine tiefe Erkenntnis: „O Herr, ich bin nicht würdig, dass du einkehrst unter mein Dach." Weder die apostolische Gemeinde hier an diesem Ort noch irgendeine Gemeinschaft ist würdig, dass Gott einkehrt und unter ihr ‚Dach' kommt. Aber er kommt ja. Er kommt ja nicht um unserer Würdigkeit willen, sondern um unserer Bedürftigkeit willen. O Herr, wir sind zutiefst bedürftig, dass du einkehrst unter unser Dach. Und er lässt sich gar nicht abhalten und er kommt unter dieses Dach und er kommt in unser Leben hinein. Dann sprich ein Wort. Ja, welches Wort soll er uns denn sagen? „Dir sind Deine Sünden vergeben!" Und er spricht uns dieses Wort zu. Mach den andern auch frei! Was sagt die Bibel? Macht nicht wieder Gefangene aus andern, legt den andern keine Fesseln an. Mach sie frei, so wie du frei sein möchtest, nimm ihnen die Last, so wie du entlastet sein möchtest. Herr, wie bin ich fröhlich, dass du einkehrst unter meinem Dach, sprich ein Wort und dann wird gesund meine Seele. Sprich du ein Wort. Wir haben es gestern Nachmittag noch einmal gesagt, Christus, nur in ihm allein ist das Heil. Ich habe euch kein Heilswort zuzusprechen als Apostel im Ruhestand und auch

---

92 Gaßmeyer, Rudolf: Bekennen – nicht verdrängen!, Der Herold 1975, S. 127

93 Vereinigung der Apostolischen Gemeinden, Was wir glauben, Band 1, Zürich 1984, S. 152

keiner, der noch aktiv ist. Wir haben euch zu verkündigen, was Christus getan hat. Kommt her zu mir alle, Mühselige und Beladene. Erquickung ist bereitet. Ich möchte sagen, lieber Gott, komm unter unser Dach."[94]

Die Freisprache geschieht in der VAG mit den Worten: „Im Auftrage Jesu Christi verkündige ich euch die frohe Botschaft: Eure Sünden sind im Blute des Lammes getilgt, und der Friede des Auferstandenen sei mit euch. Amen."[95]

Das Abendmahl der VAG ist „Gedächtnismahl", „Gemeinschaft mit Christus" und „Bundeserneuerung".[96]

„Brot und Wein hat Jesus eingesetzt zum Zeichen seines Opfertodes! Durch seinen Tod haben wir das Leben! Das Trennende zwischen Gott und dem Menschen ist aufgehoben. Durch Christi Opfertod haben wir Vergebung der Sünde und wieder freien Zugang zum Vater".[97]

In der VAG sind alle im Gottesdienst Anwesenden zum Abendmahl eingeladen. Auch an Kinder wird das Abendmahl ausgeteilt. Nach dem Katechismus von 1992 und den Hausregeln von 1997 der NAK ist es dort nur den dort Getauften und Versiegelten sowie den offiziell als Gäste Aufgenommenen erlaubt, am Abendmahl teilzunehmen.

In der NAK wird seit 1917, durch Stammapostel Niehaus festgelegt, eine mit drei Tropfen Wein beträufelte Hostie gereicht. Dies hatte mit den Kriegswirren des 1. Weltkrieges zu tun, wo diese Hostien dann an Soldaten an der Front bzw. in Gefangenschaft per Brief verschickt wurden. In der VAG wird die Intinktion angewandt, d.h. dass die Hostie bei der Austeilung in Rotwein bzw. roten Traubensaft eingetaucht wird. Brot und Wein werden als Symbol verstanden. Die Feier des Abendmahls erfolgt sonntäglich und an besonderen Feiertagen (Buß- und Bettag, Karfreitag, Osternacht). Die Kultusordnung sieht außerdem noch die – wohl nicht mehr angewandte – Möglichkeit des Abendmahls mit schriftlicher Verkündigung der Sündenvergebung

---

[94] Weise, Werner: Einleitung zum Abendmahl in einem Festgottesdienst zum 50jährigen Bestehen der schweizerischen VAC in Zofingen, Der Herold 2004, S.

[95] Vereinigung der Apostel des Apostolischen Gemeinden, Anleitung für die Apostolischen Amtsbrüder, Düsseldorf 1990, S. 41

[96] Vereinigung der Apostolischen Gemeinden, Was wir glauben, Band 1, Zürich 1984, S. 140

[97] Gaßmeyer, Rudolf: Sie blieben aber beständig.... in: Der Herold 1993, S. 26

unter Beilage einer mit Wein betupften und gesegneten Hostie vor.[98] Dies war für Geschwister vorgesehen, die fernab einer apostolischen Gemeinde wohnten. In der Zwischenzeit werden diese, aufgrund des gewandelten Kirchenverständnisses, ermuntert, am Gottesdienst und Abendmahl anderer Kirchen teilzunehmen.

Weitere Präzisierungen zum Abendmahl werden voraussichtlich erst nach Drucklegung dieses Buches im Jahre 2009 folgen.

Eine Besonderheit der Neuapostolischen Kirche hat die VAG sehr früh abgeschafft. Es handelt sich um Sakramentshandlungen für Verstorbene. „In den Gottesdiensten am Sonntagvormittag übermitteln der Stammapostel, die Bezirksapostel oder ein dazu beauftragter Apostel den Entschlafenen dieses Sakrament, indem sie zwei Amtsträgern stellvertretend das Heilige Abendmahl für die Seelen aus der jenseitigen Welt darreichen.“[99]

---

98 Vereinigung der Apostel des Apostolischen Gemeinden, Anleitung für die Apostolischen Amtsbrüder, Düsseldorf 1990, S. 46

99 Neuapostolische Kirche International, Hausregeln, 3. Auflage Zürich 1997, S. 18

Wiederkunft Christi

Die katholisch-apostolischen Gemeinden entstanden aus einer unmittelbaren Naherwartung der Wiederkunft Christi. Man wähnte sich in der Endzeit. In einschlägigen kirchlichen Handbüchern werden die KAG denn auch unter „Endzeitgemeinden“ (zusammen mit den Adventisten) eingruppiert. Die NAK übrigens in neueren Darstellungen unter „Unter den Fittichen des vollmächtigen Amtes“. Für die VAG hat sich eine Verschiebung dergestalt ergeben, dass sie aus dieser NAK-Kategorie heraus und unter „Freie Apostelgemeinden“ eingruppiert wurden.[100]

Die katholisch-apostolischen Gemeinden erwarteten die Wiederkunft Christi in sehr naher Zukunft, nämlich zur Lebzeit ihrer Apostel. Man sah das wiederaufgerichtete Apostelamt als Symbol der Endzeit und verstand sich explizit als „Endzeitgemeinde“. Aus diesem Grund wurden die durch Tod einiger Apostel vakant werdenden Plätze nicht neu besetzt. Dagegen gab es Widerstand auch höherer Amtsträger, hauptsächlich des Propheten Geyer. Diese wünschten wegen der ausbleibenden Parusie eine Fortdauer des Apostolats. Es kam zu neuen Apostelrufungen, die von den englischen Aposteln jedoch nicht anerkannt wurden und zu einer eigenen Glaubensgemeinschaft, der späteren Neuapostolischen Kirche führten.

In der NAK-Geschichte kam es dann mehrfach zu Endzeitszenarien. Besonders prägnant waren sie in der Zeit des 1. Weltkriegs unter Stammapostel Niehaus und dann in den fünfziger Jahren. Zu beiden Zeiten gab es Trennungen etlicher VAG-Mitgliedskirchen von der NAK. Ab 1951 wurde die Wiederkunft Christi gar mit der Lebenszeit des damaligen Stammapostels J.G. Bischoff verknüpft und Aufnahmen in die Kirche (also neue Versiegelungen) wurden von diesem Glauben abhängig gemacht. Diese übersteigerten Hoffnungen stießen auf Widerstand bei etlichen Aposteln, Amtsträgern und Geschwistern. Einigungs- bzw. Vermittlungsversuche der Parteien scheiterten, stattdessen kam es zum Ausschluss und zur Neugründung von apostolischen Gemeinschaften. Obwohl der Stammapostel 1960 verstarb, ohne dass die Wiederkunft Christi stattgefunden hätte, hält die NAK bis heute daran fest, dass man sich in der Endzeit befindet.

---

[100] vgl. z.B. Werke wie Obst, Helmut: Apostel und Propheten der Neuzeit; Hutten, Kurt: Seher, Grübler, Enthusiasten

Ziel des neuapostolischen Christen ist es, an der ersten Auferstehung teilzunehmen. „Der Glaube an den dreieinigen Gott, den Vater, den Sohn und den Heiligen Geist, sowie an die Kirche Christi mit den Sakramenten und Ämtern wird durch das Wort der Predigt gewirkt. Wer diesen Glauben besitzt und sein Leben nach Gottes Willen einrichtet, kann in die Gemeinschaft mit Gott gelangen. Durch die in der Neuapostolischen Kirche verkündigte Lehre bereitet Gottes Geist gläubige Menschen auf die verheißene Wiederkunft Jesu Christi, die Erste Auferstehung, vor."[101]

In der VAG ist das Thema „Endzeit" dagegen eher aus dem Blickfeld verschwunden. Würde man die Mitglieder heute nach einer wichtigen apostolischen Lehre befragen, so würde dieses Thema wohl kaum genannt werden.

Das Glaubensziel hat sich damit ebenfalls deutlich verschoben. War und ist für neuapostolische Christen das Ziel ihres Glaubens die „Teilnahme an der ersten Auferstehung", so ist es für Christen der VAG „die Wiederherstellung der Harmonie mit Gott".[102]

Im Info-Faltblatt von 2003 wird geschrieben: „Das Ziel ihres Dienstes ist die Ausbreitung und Förderung des christlichen Glaubens auf der Grundlage der Bibel sowie die Versöhnung des Menschen mit Gott. Nur dadurch kann er seiner Verantwortung gegenüber Gott und der Schöpfung gerecht werden und in der Auferstehung zum ewigen Leben gelangen. Die persönliche und freie Glaubensbeziehung zu Jesus Christus soll die Gemeindemitglieder zu einem mündigen und aktiven Christsein in dieser Welt befähigen."[103]

Im WWG wird zur Wiederkunft ausgeführt: „Die Wiederkunft Christi verlangt vom aufrichtigen Christen eine bestimmte Haltung, die mit Wachsamkeit und Aktivität umschrieben werden kann. Das Erwarten des Herrn ist nicht dasselbe wie das Warten auf ihn."[104]

Aufgrund der geschichtlichen Erfahrungen nennt die VAG biblisch begründet keinen Zeitpunkt, sondern spricht lediglich von Zeichen,

---

101 Neuapostolische Kirche International, Hausregeln, 3. Auflage Zürich 1997, S. 7-8

102 Vereinigung der Apostolischen Gemeinden, Was wir glauben, Band 2, Flamatt 1990, S. 65

103 Apostolische Gemeinschaft, Faltblatt, Düsseldorf 2003

104 Vereinigung der Apostolischen Gemeinden, Was wir glauben, Band 1, Zürich 1984, S. 164

die der Wiederkunft vorausgehen werden. Wohl spricht sie von einer bestimmten Reihenfolge der Endzeitereignisse: Trübsal, Erste Auferstehung (für die Treuen Entschlafenen und Lebenden) = Wiederkunft Christi, Hochzeit des Lammes für die auferstandenen bzw. verwandelten Treuen, Tausendjähriges Friedensreich, Endkampf, Zweite Auferstehung (aller anderen Toten) und Jüngstes Gericht, neuer Himmel und neue Erde.[105]

Diese Endzeiterwartungen teilt die VAG noch mit der NAK. Beide unterscheiden sich damit zum Teil von anderen christlichen Konfessionen. Die Katholiken z.B. glauben daran, dass die Wiederkunft Christi mit der Auferstehung und dem jüngsten Gericht zusammen fällt.[106] Die evangelischen Kirchen verzichten gänzlich auf eine realzukünftige Eschatologie.[107]

Eine Besonderheit des apostolischen Glaubens besteht darin, dass apostolische Christen durch die erwartete Teilnahme an der Ersten Auferstehung vom Jüngsten Gericht verschont sein werden, weil dieses nur für die Nicht-Christen gilt. Im sechsten Glaubensartikel der VAG heißt es nämlich: „Ich glaube, dass sich Jesus Christus bei seiner Wiederkunft mit seinen Erstlingen vereinigen wird. Mit ihnen wird er im Reiche des Friedens regieren und am Ende der Zeit zum Jüngsten Gericht erscheinen und alle übrigen Menschen nach ihren Werken richten."[108] Die NAK hebt das noch deutlicher in ihrem 9. Glaubensartikel hervor: „Nach Abschluss des Friedensreiches wird er das Endgericht halten, wo alle Seelen, die nicht an der Ersten Auferstehung teilhatten, ihr Teil empfangen, wie sie gehandelt haben, es sei gut oder böse."[109]

„Das Hoffen der Neuapostolischen Kirche richtet sich aber nicht in erster Linie auf einen Freispruch in, sondern eine Bewahrung vor dem Gericht. [...] Insofern geht die Neuapostolische Kirche davon aus, dass sie „allen Gläubigen ohne Ausnahme völlige Erlösung und Errettung vor den drohenden Gerichten" anbiete. Das versiegelnde Handeln der Apostel steht auch hier im Vordergrund. Es wird aller-

---

105 ebd., S. 188-189

106 Katechismus der katholischen Kirche, Frage 1038ff, München 1993, S. 296ff

107 Evangelischer Erwachsenenkatechismus, Gütersloh 2001, S. 817-824

108 Vereinigung der Apostolischen Gemeinden, Was wir glauben, Band 1, Zürich 1984, S. 14

109 Fragen und Antworten über den neuapostolischen Glauben, Frage 231, Frankfurt am Main 1992, S. 108

dings nicht als Vorwegnahme des Gerichts, sondern unter dem Vorbehalt des je eigenen Bewährenmüssens als Entnahme daraus verstanden."[110]

Die VAG befindet sich hier z.T. noch in NAK-Lehrtradition, die diese Ereignisse auf ihre Versiegelten beschränkt, während nach VAG-Meinung alle Christusgläubigen an der Ersten Auferstehung teilhaben. Wie bereits im Kapitel über die Versiegelung dargelegt, gelten Versiegelte und somit apostolische Christen der VAG nicht automatisch als Erstling und Glied der Brautgemeinde.

Im Sommer 2005 wurde das Glaubensbekenntnis der europäischen Gemeinden geändert. Es gilt fortan nicht mehr das 6-Artikel-Bekenntnis von 1984 sondern das „ökumenische Apostolikum". In diesem heißt es im letzten Satz des zweiten Absatzes: „Und an Jesus Christus, ... , von dort wird er kommen zu richten die Lebenden und Toten". Die bisherige Glaubensauffassung wurde somit – ohne weitere theologische Erläuterung – aufgegeben.

110 Kändler, Eckhard: Die Eschatologie der NAK, Halle 1995, S. 52-53

Zusammenfassung

Die Ausführungen zu den fünf Themenbereichen (Bibelverständnis, Kirchenverständnis, Apostolats- und Amtsverständnis, Sakramentenlehre, Wiederkunft) haben sicher dargelegt, dass es in der VAG zu erheblichen Lehrverschiebungen in den letzten fünfzig Jahren gekommen ist. Der Weg ging von einer hierarchisch-strukturierten Heilsinstitution hin zu einer freien apostolischen Gemeinde, die das mündige Christentum in den Vordergrund stellt. Von einem katholisch-anglikanischen Erbe der katholisch-apostolischen Gemeinden, verlief der Weg über ein exklusives, fundamentalistisches Glaubensfundament zu neuapostolischer Zeit hin zu einer eher protestantisch geprägten Gemeinschaft. Wohin geht der weitere Weg? Was bleibt vom Apostolischen? Aufgrund unserer Entstehungsgeschichte sind wir ein „dritter Weg“ zwischen Katholizismus und Protestantismus. Wir sollten dieses Profil schärfen und verhindern zu einer biblisch-evangelikal-protestantischen Gemeinschaft zu werden.

„In dem Maß, in dem die Gemeinde das Gesandtsein durch Christus lebt, wird sie apostolisch sein und bleiben.“, antwortete Apostel Baron bei der Besprechung dieses Aufsatzes.

„Wir sind weiter auf dem Weg“ und um mit Martin Luther zu sprechen: „ecclesia semper reformanda“.

Düsseldorf, Dezember 2007

Volker Wissen

Anhang „Glaubensbekenntnisse“

Apostolikum

Ich glaube an Gott, den Vater, den Allmächtigen, den Schöpfer des Himmels und der Erde.

Und an Jesus Christus, seinen eingeborenen Sohn, unsern Herrn, empfangen durch den Heiligen Geist, geboren von der Jungfrau Maria, gelitten unter Pontius Pilatus, gekreuzigt, gestorben und begraben, hinabgestiegen in das Reich des Todes, am dritten Tage auferstanden von den Toten, aufgefahren in den Himmel; er sitzt zur Rechten Gottes, des allmächtigen Vaters; von dort wird er kommen, zu richten die Lebenden und die Toten.

Ich glaube an den Heiligen Geist, die heilige christliche[111] Kirche, Gemeinschaft der Heiligen, Vergebung der Sünden, Auferstehung der Toten und das ewige Leben. Amen.

---

[111] In den reformatorischen/protestantischen Kirchen wird der Ausdruck "katholische Kirche", der im lateinischen Text steht, oft durch "christliche Kirche" bzw. "allgemeine Kirche" ersetzt, um sich von der römisch-katholischen Kirche abzugrenzen. Katholisch bedeutet in diesem Sinne jedoch nicht die römisch-katholische Kirche, sondern die allgemeine Kirche (gr. *katholikos* = allgemein), also die Gemeinschaft aller Christen.

Bekenntnis des RAG von 1924

1. Ich glaube an Einen Gott, den allmächtigen Vater, Schöpfer Himmels und der Erde, aller sichtbaren und unsichtbaren Dinge.

2. Ich glaube an den einigen Herrn Jesum Christum, den eingeborenen Sohn Gottes, von dem Vater vor aller Zeit gezeugt, Gott von Gott, Licht vom Licht, wahrhaftiger Gott vom wahrhaftigen Gott, gezeugt und nicht geschaffen, Eines Wesens mit dem Vater, durch welchen alle Dinge gemacht sind, der um uns Menschen und um unserer Seligkeit willen vom Himmel herabgestiegen und Fleisch geworden ist, durch den Heiligen Geist aus Maria der Jungfrau Mensch geworden; auch gekreuzigt für uns unter Pontio Pilato. Er ist gestorben, begraben und am dritten Tage auferstanden nach der Schrift, aufgefahren gen Himmel, sitzet zur Rechten des Vaters und wird wiederkommen in Herrlichkeit, zu richten die Lebendigen und Toten. Seines Reiches wird kein Ende sein.

3. Ich glaube an den Heiligen Geist, der da Herr ist und macht lebendig; der vom Vater und dem Sohne ausgeht, der mit dem Vater und dem Sohne zugleich angebetet und verherrlicht wird, der durch die Propheten und durch die Apostel geredet hat und in seiner Gemeinde bis ans Ende durch Apostel regieren, reden und wirken will.

4. Ich glaube an eine heilige allgemeine apostolische Kirche. Ich bekenne eine Taufe als das Wasserbad im Wort, ein heiliges Abendmahl zur Vergebung der Sünden und eine Heilige Versiegelung zur Heiligung des Geisteslebens und warte auf die Auferstehung des Fleisches und auf das Leben der zukünftigen Welt nach den von Jesum Christum nach der Heiligen Schrift gegebenen Verheißungen.

Bekenntnis der VAG von 1958

1. Ich glaube an Gott den Vater, den allmächtigen Schöpfer aller sichtbaren und unsichtbaren Dinge.

2. Ich glaube an Jesum Christum, Gottes eingeborenen Sohn, unseren Herrn, der empfangen ist von dem Heiligen Geiste, geboren von der Jungfrau Maria, gelitten unter Pontius Pilatus, gekreuzigt, gestorben und begraben, hingegangen in die Bereiche der Entschlafenen, auferstanden von den Toten, aufgefahren gen Himmel, sitzend zur Rechten des Vaters, von dannen er wiederkommen wird.

3. Ich glaube an den Heiligen Geist, eine heilige apostolische Kirche, die Gemeinde der Heiligen, Vergebung der Sünden, Auferstehung der Toten und ein ewiges Leben.

4. Ich glaube, dass der Herr Jesus seine Gemeinde durch Apostel regiert und dass er seine Apostel gesandt hat und noch sendet, gleichwie er vom Vater in die Welt gesandt ist, damit sie in seinem Namen und Auftrage alle Völker der Erde lehren und taufen sollen.

5. Ich glaube, dass sämtliche Ämter in der Gemeinde Christi von Aposteln berufen und ausgesondert werden.

6. Ich glaube, dass die Wassertaufe ein Bestandteil der Wiedergeburt ist und dass der Täufling dadurch die Anwartschaft zur Empfangnahme des Heiligen Geistes erlangt. Sie ist ferner der Bund eines guten Gewissens mit Gott.

7. Ich glaube, dass das heilige Abendmahl zum Gedächtnis an das einmal gebrachte, vollgültige Opfer des bitteren Leidens und Sterbens Jesu Christi vom Herrn selbst eingesetzt ist, dass der würdige Genuss desselben die Lebensgemeinschaft mit Christo verbürgt, dass es mit ungesäuertem Brot und Wein gefeiert und beides von einem priesterlichen Amte konsekriert werden muss.

8. Ich glaube, dass die mit Wasser Getauften durch einen Apostel zur Erlangung der Erstlingschaft den Heiligen Geist empfangen, wodurch sie Glieder des Leibes Christi werden.

9. Ich glaube, dass der Herr Jesus so gewiss wiederkommen wird, wie er gen Himmel gefahren ist und dass bei seinem glorreichen Er-

scheinen die Erstlinge aus den Toten und Lebenden, die auf sein Kommen gehofft haben und darauf zubereitet worden sind, verwandelt und mit ihm vereinigt werden, auch dass diese seine Erstlinge mit ihm als Könige und Priester im Reiche des Friedens regieren sollen, und endlich, dass Jesus Christus am Ende der Zeit mit seinen Heiligen zum Jüngsten Gericht erscheinen wird und dass dann alle noch Lebenden samt den übrigen Toten ihr Urteil empfangen, wie sie gehandelt haben bei Leibes Leben, es sei gut oder böse.

Bekenntnis der VAG von 1984

1. Ich glaube an Gott, den Vater, den Allmächtigen, den Schöpfer des Himmels und der Erde.

2. Und an Jesus Christus, seinen eingeborenen Sohn, unsern Herrn, empfangen durch den Heiligen Geist, geboren von der Jungfrau Maria, gelitten unter Pontius Pilatus, gekreuzigt, gestorben und begraben, hinabgestiegen in das Reich des Todes, am dritten Tage auferstanden von den Toten, aufgefahren in den Himmel; er sitzt zur Rechten Gottes, des allmächtigen Vaters; von dort wird er wiederkommen.

3. Ich glaube an den Heiligen Geist, die heilige apostolische Kirche, Gemeinschaft der Heiligen, Vergebung der Sünden, Auferstehung der Toten und das ewige Leben.

4. Ich glaube, dass Jesus Christus das Haupt seiner Kirche ist, die er durch den heiligen Geist regiert und versorgt, und dass er dazu Apostel gesandt hat und noch sendet.

5. Ich glaube an die vom Sohne Gottes gestifteten Gnadenmittel in Taufe, Abendmahl und Versiegelung. Ihr gläubiges Ergreifen bewirkt die Wiedergeburt und befähigt zu einem verantwortungsbewussten, geheiligten Leben, das bis zur Erstlingsschaft und zum königlichen Priestertum in Jesus Christus hinanführt.

6. Ich glaube, dass sich Jesus Christus bei seiner Wiederkunft mit seinen Erstlingen vereinigen wird. Mit ihnen wird er im Reiche des Friedens regieren und am Ende der Zeit zum Jüngsten Gericht erscheinen und alle übrigen Menschen nach ihren Werken richten. Nachdem Jesus Christus alles untertan sein wird, schafft Gott der Vater einen neuen Himmel und eine neue Erde, darin er sein wird alles in allen.

Bekenntnis der NAK von 1908

1. Ich glaube an Gott den Vater, Allmächtigen Schöpfer Himmels und der Erden.

2. Ich glaube an Jesum Christum, seinen eingeborenen Sohn, unsern Herrn, der empfangen ist vom Heiligen Geiste, geboren von der Jungfrau Maria, gelitten unter Pontio Pilato, gekreuzigt, gestorben und begraben, niedergefahren zur Hölle, am dritten Tage wieder auferstanden von den Toten, aufgefahren gen Himmel, sitzend zur rechten Hand Gottes, des allmächtigen Vaters, von dannen er wiederkommen wird, zu richten die Lebendigen und die Toten.

3. Ich glaube an den Heiligen Geist, eine heilige apostolische Kirche, die Gemeinde der Heiligen, Vergebung der Sünden, Auferstehung des Fleisches und ein ewiges Leben.

4. Ich glaube, dass der Herr Jesus seine Kirche durch lebende Apostel regiert bis zu seinem Wiederkommen, und dass er sie in die Welt gesandt hat und noch sendet, gleich wie er vom Vater in die Welt gesandt ist, damit sie lehren und taufen sollen in seinem Namen und Auftrage alle Völker der Erde.

5. Ich glaube, dass sämtliche Ämter in der Kirche Christi nur allein von lebenden Aposteln erwählt und in ihr Amt eingesetzt werden, und dass sämtliche Gaben und Kräfte der Kirche aus dem Apostelamte hervorgehen müssen, wodurch dann die Gemeinde ausgerüstet ein lesbarer Brief Christi werden soll.

6. Ich glaube, dass der Mensch durch die Heilige Taufe das Kaufzeichen des Lammes empfängt und dass sie das Bad der Wiedergeburt ist, wodurch der Mensch als Glied dem Leibe Christi einverleibt wird, sie ist auch der Bund eines guten Gewissens mit Gott.

7. Ich glaube, dass das Heilige Abendmahl zum Gedächtnis an das einmal gebrachte vollgültige Opfer des bitteren Leidens und Sterbens Jesu Christi, wie von ihm selbst eingesetzt, mit ungesäuertem Brot und mit Wein gefeiert, und beides von einem priesterlichen Amte der Kirche gesegnet und gespendet werden muss.

8. Ich glaube, dass die getauften Gläubigen nur durch Handauflegung eines lebenden Apostels mit dem Heiligen Geiste versiegelt

werden müssen zur Erlangung der Erstlingschaft, und dass durch die Versiegelung die empfangenen Gaben lebendig gemacht werden.

9. Ich glaube, dass der Herr Jesus wiederkommen wird, so gewiss wie er gen Himmel gefahren ist, und dass bei seinem glorreichen Erscheinen die Erstlinge aus den Toten und Lebenden, die auf sein Kommen gehofft haben, verwandelt und mit ihm vereinigt werden, dass diese seine Erstlinge mit ihm als Könige und Priester herrschen sollen im Reiche des Frieden, ferner, dass Jesus Christus am Ende der Zeit mit seinen Heiligen erscheinen wird zum jüngsten Gericht, wo alle noch Lebenden samt übrigen Toten ihr Urteil empfangen wie sie gehandelt haben bei Leibes Leben, es sei gut oder böse.

10. Ich glaube, dass die Obrigkeit Gottes Dienerin ist, uns zugute, und wer der Obrigkeit widerstrebt, der widerstrebt Gottes Ordnung, weil sie von Gott verordnet ist.

Bekenntnis der NAK von 1951

1. Ich glaube an Gott den Vater, den allmächtigen Schöpfer Himmels und der Erden.

2. Ich glaube an Jesu Christum, Gottes eingeborenen Sohn, unseren, Herrn, der empfangen ist von dem Heiligen Geist, geboren von der Jungfrau Maria, gelitten unter Pontius Pilatus, gekreuzigt, gestorben, begraben, eingegangen in das Reich der Entschlafenen, auferstanden von den Toten, aufgefahren gen Himmel, sitzend zur rechten Hand Gottes, des allmächtigen Vaters, von dannen er wiederkommen wird.

3. Ich glaube an den Heiligen Geist, eine heilige Apostolische Kirche, die Gemeinde der Heiligen, Vergebung der Sünden, Auferstehung der Toten und ein ewiges Leben.

4. Ich glaube, dass der Herr Jesus seine Kirche durch lebende Apostel regiert bis zu seinem Wiederkommen, dass er seine Apostel gesandt hat und noch sendet, mit dem Auftrag zu lehren, in seinem Namen Sünden zu vergeben und mit Wasser und dem Heiligen Geist zu taufen.

5. Ich glaube, dass sämtliche Ämter in der Kirche Christi nur von Aposteln erwählt und in ihr Amt eingesetzt werden, und dass aus dem Apostelamt Christi sämtliche Gaben und Kräfte hervorgehen müssen, auf dass, mit ihnen ausgerüstet, die Gemeinde ein lesbarer Brief Christi werde.

6. Ich glaube, dass die Heilige Taufe mit Wasser ein Bestandteil der Wiedergeburt ist und der Täufling dadurch die Anwartschaft zur Empfangnahme des Heiligen Geistes erlangt. Sie ist ferner der Bund eines guten Gewissens mit Gott.

7. Ich glaube, dass das Heilige Abendmahl zum Gedächtnis an das einmal gebrachte, vollgültige Opfer, des bitteren Leidens und Sterbens Christi, vom Herrn selbst eingesetzt ist. Der würdige Genuss des Heiligen Abendmahls verbürgt uns die Lebensgemeinschaft mit Christo Jesu unserem Herrn. Es wird mit ungesäuertem Brot und Wein gefeiert; beides muss von einem priesterlichen Amt der Kirche gesegnet und gespendet werden.

8. Ich glaube, dass die mit Wasser Getauften durch einen Apostel zur Erlangung der Erstlingschaft den Heiligen Geist empfangen müssen, wodurch sie als Glieder dem Leibe Christi eingefügt werden.

9. Ich glaube, dass der Herr Jesus so gewiss wiederkommen wird, wie er gen Himmel gefahren ist, und die Erstlinge aus den Toten und Lebenden, die auf sein Kommen hofften und zubereitet wurden, verwandelt und zu sich nimmt, dass er nach der Hochzeit im Himmel mit diesen seinen Erstlingen auf die Erde zurückkommt, sein Friedensreich aufrichtet und sie mit ihm als Könige und Priester regieren. Am Abschluss des Friedensreiches wird er das Endgericht halten, wo alle Lebenden samt den Toten ihr Urteil empfangen, wie sie gehandelt haben bei Leibesleben, es sei gut oder böse.

10. Ich glaube, dass die Obrigkeit Gottes Dienerin ist uns zugute, und wer der Obrigkeit widerstrebt, der widerstrebt Gottes Ordnung, weil sie von Gott verordnet ist.

Bekenntnis der NAK von 1992

1. Ich glaube an Gott den Vater, den allmächtigen Schöpfer Himmels und der Erden.

2. Ich glaube an Jesu Christum, Gottes eingeborenen Sohn, unseren, Herrn, der empfangen ist von dem Heiligen Geist, geboren von der Jungfrau Maria, gelitten unter Pontius Pilatus, gekreuzigt, gestorben, begraben, eingegangen in das Reich der Entschlafenen, auferstanden von den Toten, aufgefahren gen Himmel, sitzend zur rechten Hand Gottes, des allmächtigen Vaters, von dannen er wiederkommen wird.

3. Ich glaube an den Heiligen Geist, eine heilige Apostolische Kirche, die Gemeinde der Heiligen, Vergebung der Sünden, Auferstehung der Toten und ein ewiges Leben.

4. Ich glaube, dass der Herr Jesus seine Kirche durch lebende Apostel regiert bis zu seinem Wiederkommen, dass er seine Apostel gesandt hat und noch sendet, mit dem Auftrag zu lehren, in seinem Namen Sünden zu vergeben und mit Wasser und dem Heiligen Geist zu taufen.

5. Ich glaube, dass sämtliche Ämter in der Kirche Christi nur von Aposteln erwählt und in ihr Amt eingesetzt werden, und dass aus dem Apostelamt Christi sämtliche Gaben und Kräfte hervorgehen müssen, auf dass, mit ihnen ausgerüstet, die Gemeinde ein lesbarer Brief Christi werde.

6. Ich glaube, dass die Heilige Taufe mit Wasser ein Bestandteil der Wiedergeburt ist und der Täufling dadurch die Anwartschaft zur Empfangnahme des Heiligen Geistes erlangt. Sie ist ferner der Bund eines guten Gewissens mit Gott.

7. Ich glaube, dass das Heilige Abendmahl zum Gedächtnis an das einmal gebrachte, vollgültige Opfer, an das bittere Leiden und Sterben Christi, vom Herrn selbst eingesetzt ist. Der würdige Genuss des Heiligen Abendmahls verbürgt uns die Lebensgemeinschaft mit Christo Jesu unserem Herrn. Es wird mit ungesäuertem Brot und Wein gefeiert; beides muss von einem priesterlichen Amt der Kirche gesegnet und gespendet werden.

8. Ich glaube, dass die mit Wasser Getauften durch einen Apostel zur Erlangung der Gotteskindschaft den Heiligen Geist empfangen müssen, wodurch sie als Glieder dem Leibe Christi eingefügt werden.

9. Ich glaube, dass der Herr Jesus so gewiss wiederkommen wird, wie er gen Himmel gefahren ist, und die Toten in Christo sowie die lebenden Brautseelen, die auf sein Kommen hofften und zubereitet wurden, verwandelt und zu sich nimmt, dass er nach der Hochzeit im Himmel mit diesen auf die Erde zurückkommt, sein Friedensreich aufrichtet und sie mit ihm als Könige und Priester regieren. Nach Abschluss des Friedensreiches wird er das Endgericht halten, wo alle Seelen, die nicht an der Ersten Auferstehung teilhatten, ihr Teil empfangen, wie sie gehandelt haben, es sei gut oder böse.

10. Ich glaube, dass ich der weltlichen Obrigkeit zum Gehorsam verpflichtet bin, soweit nicht göttliche Gesetze dem entgegenstehen.

Literaturverzeichnis

- Apostolische Gemeinschaft, Faltblatt „Zu Ihrer Information“, Düsseldorf 2003
- Carlyle, Thomas: Über das Sakrament der Heiligen Taufe, nach dem Download-Text a-0036.zip der Homepage „www.apostolic.de“
- Gaßmeyer, Rudolf: Bekennen – nicht verdrängen! in: Der Herold 1975, S. 127
- Gaßmeyer, Rudolf: Sie blieben aber beständig.... in: Der Herold 1993, S. 26
- Gaßmeyer, Rudolf: Was ist apostolisch? in: Der Herold März 1994, S. 43-46
- Informationsbrief der Bekenntnisbewegung "Kein anderes Evangelium", Nr. 202, Filderstadt 2000
- Internet-News-Magazin naktuell.de: http://www.naktuell.de
- Internetseite der „Apostolischen Gemeinschaft e.V.“: http://www.apostolisch.de
- Internetseite der AGdS, http://www.apostolische-gemeinde-des-saarlandes.de
- J.G. Bischoff, Fragen und Antworten über den neuapostolischen Glauben, Frankfurt am Main 1951
- Kändler, Eckhard: Die Eschatologie der NAK, Halle 1995
- Katholische Kirche, Katechismus der katholischen Kirche, München 1993
- Knauth, Matthias: Glauben und Bekennen in: Der Herold Juli 2003, S. 123-140
- Kuhlen, Peter: Wer kann Sünden vergeben? in: Der Herold 1975, S. 122
- Neuapostolische Kirche International, Fragen und Antworten über den neuapostolischen Glauben, Zürich 1992
- Neuapostolische Kirche International, Hausregeln, 3. Auflage Zürich 1997
- Obst, Helmut: Apostel und Propheten der Neuzeit, Berlin 1990
- Obst, Helmut: Neuapostolische Kirche – die exklusive Endzeitkirche?, Neukirchen-Vluyn 1996
- Schröter, Albrecht am 14.11.2003 in einem Vortrag „Bibelverständnis der katholisch-apostolischen Gemeinden“ in Düsseldorf (Manuskript)

- Schröter, Albrecht am 23.03.1999 in einem Vortrag „Die katholisch-apostolischen Gemeinden“ in Düsseldorf (Manuskript)
- Vereinigte Evangelisch-lutherische Kirche Deutschlands, Evangelischer Erwachsenenkatechismus, Gütersloh 2001
- Vereinigung Apostolischer Christen, Der Herold, Monatsschrift der Vereinigung Apostolischer Gemeinden, Ausgaben 1955-1983, Zofingen/Zürich
- Vereinigung Apostolischer Gemeinden, Arbeitspapier zum Thema Sakramente, Düsseldorf April 2001
- Vereinigung Apostolischer Gemeinden, Der Herold, Monatsschrift der Vereinigung Apostolischer Gemeinden, Ausgaben 1984-2004, Düsseldorf
- Vereinigung Apostolischer Gemeinden, Lehrbuch für den Konfirmandenunterricht, o.O., o.J.
- Vereinigung der Apostel der apostolischen Gemeinden, Lehrbuch für apostolische Christen, Kamp-Lintfort 1958
- Vereinigung der Apostel der Apostolischen Gemeinden, Anleitung für die Apostolischen Amtsbrüder, Ergänzung „Mitgliedschaft in den Apostolischen Gemeinden“, April 1992
- Vereinigung Apostolischer Gemeinden, Was wir glauben, Band 1, Zürich 1984
- Vereinigung Apostolischer Gemeinden, Was wir glauben, Band 2, Flamatt 1990
- Vereinigung der Apostel der Apostolischen Gemeinden, Sakramente in apostolischen Gemeinden, Düsseldorf Mai 2005
- Volkmer, Frank: Amt - Auftrag - Dienst - Gabe - Aufgabe in: Der Herold September 2003, S. 167-169
- Weise, Werner: Einleitung zum Abendmahl in einem Festgottesdienst zum 50jährigen Bestehen der schweizerischen VAC in Zofingen in: Der Herold 2004

Meilensteine der „Vereinigung Apostolischer Gemeinden“

Meilensteine der „Vereinigung Apostolischer Gemeinden"

1. August 1954	„Manifest über die Zustände und Tendenzen in der Neuapostolischen Gemeinde" des Apostel Güttinger erscheint
1. September 1954	erste Ausgabe „Der Herold" erscheint
27. - 28. November 1954	erste Kontaktaufnahme zwischen „reformiert-apostolischem Gemeindebund" (DDR) und der sich bildenden „Vereinigung Apostolischer Christen" (Schweiz) in Frankfurt
6. Januar 1955	Brief der Apostel, Bischöfe und Ältesten des Apostelbezirks Düsseldorf an den Stammapostel J.G. Bischoff
16. Januar 1955	Verteilung des Briefes in den Gemeinden des Apostelbezirks Düsseldorf
23. Januar 1955	Ausschluss der rheinländischen Apostel Kuhlen, Dehmel und Dunkmann aus der „Neuapostolischen Kirche"
24. Januar 1955	Gründung der „Apostolischen Gemeinschaft e.V." in Düsseldorf
18. - 19. Januar 1956	Apostelkonferenz verschiedener aus der „Neuapostolischen Kirche" ausgeschlossener Gemeinden
19. Januar 1956	Beschluss, die neuen apostolischen und reformiert-apostolischen Gemeinden in den Niederlanden zusammenzuschließen
8. Juli 1956	Einweihung der ersten Kirche der „Vereinigung apostolischer Christen" in Zofingen (Schweiz)
24. Juli 1956	Gründung der „Vereinigung Apostolischer Gemeinden" als Dachverband der „Apostolischen Gemeinschaft" (Deutschland), der „Apostolic Church of Queensland" (Australien), der „Apostolic Church – Apostle Unity" (Südafrika), der „Apostolischen Geloofsgemeenschap" (heute: Gemeente van Apostolische Christenen) (Niederlande), des „Reformiert-Apostolischen Gemeindebundes" (DDR) und der „Vereinigung Apostolischer Christen" (Schweiz)
23. November 1956	Vereinigung der apostolischen Gemeinden in Südafrika des verstorbenen Apostel Velde (bisher von Australien aus betreut) und der Gemeinden von Apostel Erasmus und Malan

Oktober 1957	„Vereinigung apostolischer Christen (VAC)" unterliegt im Namensrechtsstreit mit der „Neuapostolischen Kirche" und muss ihren bisherigen Namen „Apostolische Gemeinde" ändern. Alle anderen Klagen gegen Personen der VAC wurden abgewiesen.
März/April 1958	Apostel Kuhlen in Australien und Südafrika
23. Januar 1960	Einweihung der ersten Kirche der „Apostolischen Gemeinschaft" in Düsseldorf
6. Februar 1960	Apostel Ernst Güttinger (Schweiz) verstorben
5. Juli 1960	Apostel Otto Güttinger (Schweiz) verstorben, Bestattung am 08. Juli
5. Juli 1960	Einweihung der Kirche der „Apostolischen Gemeinde des Saarlandes" in Völklingen
6. Juli 1960	Stammapostel Johann Gottfried Bischoff der „Neu apostolischen Kirche" stirbt in Karlsruhe
2. April 1961	Ordination der zwei neuen Apostel Arnold Edward Zielke und Arnan Niemeyer in Bundaberg (Australien) durch Apostel E. Zielke
10. September 1961	Ordination von Bischof Erwin Kindler zum Apostel in Zofingen (Schweiz) durch Apostel Kuhlen
13. März 1962	Apostel E. Zielke (Australien) verstorben
12. August 1962	Ordination der Bischöfe Erich Rabe und Rudolf Ludwig zu Aposteln in Görlitz (DDR) durch Apostel Ecke
April 1963	Apostel Kuhlen und Kindler in Südafrika
2. Juni 1963	Einweihung der zweiten Kirche der „Vereinigung Apostolischer Christen" (Schweiz) in Kölliken
29. Juni 1963	Apostel Dehmel (Oberhausen) verstorben
30. Juni 1964	Einweihung der Kirche in Düren durch Apostel Kuhlen
8. Dezember 1963	Einweihung der Kirche in Essen-Mitte durch Apostel Kuhlen
Januar 1964	Einführung der „Missionsopferkästen" in den Gemeinden zur Finanzierung der Missionsaufgaben des Verbandes
7. Juni 1964	Ordination des Ältesten Hubert Geuer zum Apostel
16. Januar 1965	Apostel Max Ecke (Vorsitzender des „reformiert-apostolischen Gemeindebundes) verstorben
13. April 1965	Apostel Hendrikus Jacobus Smit (Apostolische Geloofsgemeenschap) verstorben
13. Juni 1965	Ältester Johann Friedrich Kröner (Apostolische Geloofsgemeenschap) zum Apostel ordiniert. Apostel

	Gerrit Kamphuis im Ruhestand.
15. August 1965	Kirchweihe in Duisburg-Beeck
14. November 1966	Kirchweihe in Emmerich
15. Oktober - 4. November 1966	Missionsreise des Apostel Geuer und des Ältesten Kloß nach Amerika
1967	Einführung der „Richtlinien für die Amtsbrüder“
12. November 1967	Bischof Werner Kahlert und Ältester Rudolf Gaßmeyer in Düsseldorf zu Aposteln ordiniert
27. November 1967	Apostel Max Müller (Greiz, DDR) verstorben
4. Juni - 2. Juli 1968	Besuch australischer und südafrikanischer Apostel und Geschwister in Europa
September/Oktober 1968	Apostel Geuer und Bischof Kloß erneut in Amerika
17. November 1968	Apostel Ernst Dunkmann (Düren) in Ruhestand
31. Mai - 1. Juni 1969	deutsch-niederländisches Jugendtreffen in Amsterdam
13. Juli 1969	Einweihung der Kirche in Duisburg-Hamborn
11. November 1969	Einweihung der Kirche in Amnéville (Frankreich) durch Apostel Kindler
29. März 1970	Einweihung der Kirche in Köln durch Apostel Kuhlen
5. April 1970	Ruhesetzung von Apostel Kuhlen in der Rheinhalle in Düsseldorf
4. -15. September 1970	Apostel Kröner und Kindler in Südafrika
4. Oktober 1970	erstes Erntedank-Sonderopfer für „Brot für die Welt“
5. Mai 1971	50 Jahre „reformiert-apostolischer Gemeindebund“
Juni 1971	Apostel Gaßmeyer und Geyer in Australien
25. September 1971	Apostel Gerrit Kamphuis verstorben
19. Dezember 1971	Einweihung der 1. Kirche der „Apostolische Geloofsgemeenschap“ in Apeldoorn (Kauf der „Schwedischen Kapelle“ der „Freien evangelischen Gemeinde“)
Januar 1972	„Der Herold“ erscheint nun monatlich statt halbmonatlich
Mai 1972	Apostel Zielke, Niemeyer, Kahlert und Kindler in Südafrika
14. Mai 1972	Ordination des Bischofs Josua Jeremia Joubert und des Ältesten Johannes Philippus Erasmus zu Aposteln
Februar 1973	erste Veröffentlichung der Verwendung des Erntedank-Sonderopfers

1. April 1973	Ordination des Ältesten Kurt Kretzschmar zum Apostel in Netzschkau
8.-11. Juni 1973	erste internationale Jugendtagung in Fiesch (Schweiz)
17.-23. Juni 1973	internationale Apostelversammlung aller Apostel der VAG in Düsseldorf – u.a. Vereinbarung über die mögliche Aufnahme weiterer apostolischer Gruppierungen
Juli/August 1973	Missionsreise des Apostel Gaßmeyer und Evangelisten Pfeifer nach Süd- und Nordamerika
25. September 1973	Gründung der „Igreja Apostolica e Associacao Brasileira“ in Sao Paulo (heute „Igreja Apostolica Evangelica”)
24. September 1973	Apostel Hubert Geuer verstorben
2. Dezember 1973	Einweihung der 3. Kirche der VAC (Schweiz) in Reinach
21. April 1974	Ruhesetzung von Apostel Erich Rabe in Karl-Marx-Stadt (heute Chemnitz)
Januar 1975	Bischof Lenser und Bischof Kloß besuchen Südafrika
19. Mai 1974	Apostelordination des Bischofs Ernst Lenser in der Duisburger Mercatorhalle
Mai 1975	Schrift „Geschichtlicher Rückblick auf die Entwicklung des Stammapostelamtes“ erscheint
12. Juni - 2. Juli 1975	Australienreise der Apostel Kröner, Kahlert und Ludwig
16. November 1975	Bischof Christiaan Boermeester wird in Zeist (Niederlande) zum Apostel ordiniert – gleichzeitiger Ruhestand von Apostel J.F. Kröner
4. - 7. Juni 1975	internationale Jugendtagung in Davos (Schweiz)
30. November 1975	Einweihung der Kirche in Düsseldorf-Eller
November 1976	Besuch der Apostel Lenser und Gaßmeyer in Argentinien und Brasilien
7. -19. April 1977	Australienreise von Apostel Kahlert und Lenser
10. April 1977	Priester Mervyn Zischke wird zum Apostel für Süd-Queensland berufen – Ruhesetzung von Apostel Arnand Niemeyer
28. Mai 1978	Ruhestand von Apostel Philipus Jacobus Erasmus (Südafrika)
28. Mai 1978	Apostelordination des Ältesten Frank Volkmer in Dresden
13. Juli 1979	Apostel Ernst Dunkmann (Düren) verstorben

Juni 1979	internationale Apostelkonferenz in Düsseldorf
20. April 1980	Ruhestand von Apostel Rudolf Ludwig (Görlitz)
13. Juli 1980	Kircheweihe in Stuttgart
15. Januar - 3. Februar 1981	Südafrikareise der Apostel Kahlert, Lenser und Kindler
März 1981	Reise von Apostel Gaßmeyer mit Apostel Erry nach Indien
28. Juli 1981	Apostel Werner Kahlert verstorben
10. Mai 1981	Bundesgottesdienst in Netzschkau zum 60jährigen Bestehen des Reformiert-Apostolischen Gemeindebundes
20. September 1981	Aufnahme von Apostel William Edgar Erry in die „Vereinigung der Apostel der Apostolischen Gemeinden" und der „United Apostolic Church of India" in die „Vereinigung Apostolischer Gemeinden"
5. Dezember 1982	Kirchweihe in Voerde
7. Mai 1983	100-Jahrfeier der Apostolic Church of Queensland
1. Januar 1984	Die Redaktion der Zeitschrift „Der Herold" wird von Zürich nach Düsseldorf verlegt
Oktober 1984	Apostel Boermeester, Apostel Gaßmeyer und Apostel Zischke besuchen Südafrika
22. -26. September 1984	erste Bibelfreizeit 10 süddeutscher Gemeinden in Gomadingen
10. Februar 1985	Apostel Erich Rabe verstorben
9. - 26. Juli 1985	Apostel Lenser und Bischof Kloß zu Besuch in Sao Paulo
20. Juni - 6. Juli 1986	internationale Apostelversammlung in Zofingen
Herbst 1985	Arbeitsaufnahme der „United Apostolic Clinic" für Leprahilfe in Indien
22. Dezember 1985	Einweihung der eigenen Gemeinderäume in Zürich
Juli 1986	Beginn der Leprahilfe Indien durch Erntedankopfer und künftige Einzelspenden
26. Oktober 1986	Kircheweihe in Völklingen
26. Oktober 1986	Apostel Philipus Jacobus Erasmus (82) (Südafrika) verstorben
1. Januar 1987	Aufnahme der „Altapostolischen Gemeinschaft", Österreich in die „Vereinigung Apostolischer Gemeinden"
17. November 1986	Apostel Peter Kuhlen (87) verstorben
15. November 1987	Ruhestand von Apostel Christiaan Boermeester
15. November 1987	Apostelrufung von Bischof Johann Friedrich Kröner jun. für die Niederlande

5. Januar 1988	Apostel Arnold Edward Zielke (83) (Australien) verstorben
Oktober 1988	Einweihung der Gemeinderäume München
Oktober 1988	internationale Apostelkonferenz in Südafrika
27. November 1988	Apostel Mervyn Zischke (61) (Australien) verstorben
19. Februar 1989	Missionsgebiet Venda (Südafrika)
26. März 1989	Apostelrufung des Ältesten Roland Böhm in Zwickau
11. Januar - 2. Februar 1989	Indienreise von Apostel Erry und Evangelist Wilfried Baron
11. - 15. Juni 1990	internationale Apostelversammlung in Völklingen
14. September - 2. Oktober 1990	internationale Apostelkonferenz in Australien
23. September 1990	Ordination des Ältesten Kenneth Dargusch (Süd-Queensland) und des Priesters Clifford Flor (Nord-Queensland) zu Aposteln in Hatton Vale (Australien)
1. Dezember 1990	Ruhesetzung von Apostel Kurt Kretzschmar
1. Januar 1991	Übernahme der ökumenischen Version des „Vater unser" in den deutschsprachigen Gemeinden
8. März 1991	Apostel Rudolf Ludwig (81) verstorben
26. Mai 1991	Apostel Johann Friedrich Kröner sen. (88) verstorben
Juni 1991	internationale Apostelkonferenz in Düsseldorf
30. November 1991	Die Gemeinde Mackay in North-Queensland, Australien feiert ihr 100jähriges Bestehen
15. Dezember 1991	Der Älteste André Grein wird in Amnéville zum Apostel für Frankreich ordiniert
Dezember 1991/ Januar 1992	Herold ändert seinen Untertitel von „Monatsschrift zur Pflege apostolischen Glaubens" in „Monatsschrift der Vereinigung Apostolischer Gemeinden"
19. April 1992	Einweihung der Kirche der Gemeinde Lünen
21. Juni 1992	Apostel Kindler tritt nach über 50jähriger Amtstätigkeit (davon 31 Jahre als Apostel) in Zofingen in den Ruhestand
21. Juni 1992	Für die Schweiz wird mit dem Evangelisten Walter Baltisberger ein neuer Apostel ordiniert
21. - 31. August 1992	internationale Apostelkonferenz in Indien
23. August 1992	Bischof Michael Vanathaian wird in Chennai (früher Madras) zum Apostel für Indien ordiniert
1. Januar 1993	„Der Herold" und „Blickpunkt" werden zusammen gelegt

Februar 1993	100 Jahre „Apostolic Church – Apostle Unity“, Südafrika
18. August - 6. September 1993	Apostel Lenser und Ältester Ewald in Brasilien
25. September - 1. Oktober 1993	Apostelversammlung in den Niederlanden
6. Februar 1994	Einweihung der Kirche in Hamburg
11. - 23. Februar 1994	Apostel Lenser und Ältester Ewald in Brasilien
21. Juni 1994	Die apostolischen Gemeinden Düsseldorfs werden Vollmitglied in der „Arbeitsgemeinschaft Christlicher Kirchen“ in Düsseldorf
1. Juli 1994	„Reformiert-Apostolischer Gemeindebund“ und „Apostolische Gemeinschaft“ schließen sich zusammen
21. August 1994	Ruhesetzung des Apostel Erry in Chennai (Indien)
24. Februar - 6. März 1995	Apostel Lenser und Apostel Grein in Brasilien
21. Mai 1995	Kirchweihe in Übach-Palenberg
2. Juli 1995	Bischof Werner Weise wird in Remchingen bei Pforzheim zum Apostel für Süddeutschland ordiniert
11. - 25. September 1995	internationale Apostelversammlung in Australien
28. November 1995	Apostel Arnan Niemeyer ist im Alter von 87 Jahren in Ipswich (Australien) verstorben
24. Januar - 14. Februar 1996	Apostel Weise und Ältester Lieberth in Indien
15. Februar - 27. Februar 1996	Apostel Gaßmeyer und Ältester Ewald in Brasilien
Mai 1996	erster Internetauftritt der Gemeinde Düsseldorf-Mitte
7. Juli 1996	Einweihung der Kirche in Euskirchen
11. August 1996	Einweihung der Kirche in Dresden
25. August 1996	Bei einem Festgottesdienst im Düsseldorfer Hilton Hotel werden der Bischof Wilfried Baron und der Älteste Detlef Lieberth als Apostel ordiniert
15. - 30. Januar 1997	Apostel Baltisberger und Apostel Gaßmeyer in Indien
28. November 1996	Apostel i.R. Kurt Kretzschmar im Alter von 76 Jahren nach schwerer Krankheit verstorben
15. -19. September 1997	internationale Apostelversammlung in Düsseldorf

21. September 1997	Ruhesetzung von Apostel Gaßmeyer in Düsseldorf
27. Juli 1997	Apostel Joubert (Südafrika) ist im Alter von 65 Jahren nach 48jähriger Amtstätigkeit in den Ruhestand getreten
16. November 1997	Apostel J.F. Kröner geht in Ruhestand und Bischof J.Th. den Haan übernimmt mit dem Apostelamt die geistliche Führung der niederländischen Gemeinden
Januar 1998	Schweizer Gemeinden starten einen Internetauftritt unter www.apostolisch.ch
27. Januar - 10. Februar 1998	Apostel Volkmer und Weise in Südafrika
28. Januar - 15. Februar 1998	Apostel Lieberth und Apostel Den Haan in Indien
26. März - 7. April 1998	Apostel Grein und Apostel Lenser besuchen Brasilien
9. -21. April 1998	Apostel Böhm und Apostel Lieberth besuchen die Ukraine
13. September 1998	Ruhesetzung von Apostel Lenser in Oberhausen und Ordination des Ältesten Matthias Knauth zum Apostel für Duisburg und Norddeutschland
Januar 1999	Die Vereinigung Apostolischer Gemeinden Europa startet ihren Internetauftritt unter www.united-apostolic.org
4. -16. Februar 1999	Einweihung des Schul- und Kirchengebäudes in Chennai (Madras), Indien
25. April 1999	Hirte Willi Roth wird zum Bischof für die Schweiz ordiniert
März 2000	ProChrist wird in Europa durchgeführt, die Düsseldorfer Gemeinden ermöglichen mit dem ökumenischen Trägerkreis erstmalig eine Veranstaltung in der Stadt
2. -12. Februar 2000	internationale Apostelversammlung in Südafrika – Beschluss, dass künftig regionalen Besonderheiten auch ohne einstimmigen Beschluss Rechnung getragen werden kann
22. März 2000	Treffen von Vertretern der VAC, AG und NAK in Frankfurt
2. September 2000	Treffen apostolischer Gemeinschaften auf Einladung der NAK in Zürich

3. November 2000	Apostolische Gemeinschaft wird Vollmitglied in der ACK Düsseldorf – Gast- oder Vollmitgliedschaften bestehen in Nürnberg (seit 1996), Duisburg, Langenfeld, Köln und Wuppertal
16. Mai 2001	zweites Arbeitstreffen apostolischer Gemeinschaften mit der NAK in Zürich
31. Mai - 4. Juni 2001	internationaler Jugendtag in Fiesch, Schweiz
11. Dezember 2001	Arbeitstreffen von Apostolischer Gemeinschaft und NAK in Düsseldorf
15. - 29. Januar 2002	Apostel den Haan und Baltisberger besuchen Indien
21. September - 7. Oktober 2002	internationale Apostelversammlung in Australien
16. - 23. März 2003	ProChrist in Essen mit Beteiligung der Apostolischen Gemeinden der Bezirke DU-Hamborn, DU-Beeck und Essen, lokale ProChrist-Veranstaltungen mit apostolischer Beteiligung in Düsseldorf und Köln
6. Juli 2003	europäische Apostel beschließen Ermöglichung der Frauen-Ordination
6. August 2003	€ 9.000 des Sonderopfer „Flut" werden persönlich an Bedürftige in Tschechien verteilt
16. - 21. September 2003	europäische Apostelkonferenz in Köln
19. Oktober 2003	Ruhesetzung von Apostel Böhm und Bischof Scheffler in Netzschkau, Vogtland – der Bezirk wird künftig mit dem Arbeitsbereich von Apostel Volkmer zusammengelegt
9. November 2003	Ruhesetzung von Apostel Weise in Weißenborn
1. Januar 2004	neuer deutscher Internetauftritt unter www.apostolisch.de
22. Februar 2004	erste Frauen-Ordination von 3 Diakoninnen in Borken für den Bezirk Wesel durch Apostel Baron
12. Juni 2004	Podiumsdiskussion mit Vertretern verschiedener christlicher Kirchen in Zofingen, Schweiz anlässlich des 50. Jubiläums der VAC
15. - 17. Oktober 2004	Vortrag über die KAG und Gottesdienst von Dr. Albrecht Schröter anlässlich der Jubiläumsfeiern in Zofingen, Schweiz
Oktober 2004	Apostolische Gemeinschaft wird Gastmitglied in der ACK-NRW

2. Januar 2005	Ordination von 3 Diakoninnen und 1 Diakon für den Bezirk Düsseldorf durch Apostel Baron
16. Januar 2005	Gemeente van Apostolische Christenen unter www.apostolisch.nl erreichbar
23. Januar 2005	Festgottesdienst in Rheinberg zum 50jährigen Bestehen der Apostolischen Gemeinschaft
10. April 2005	1. Frauenordination einer Diakonin für die Gemeinde Enkhuizen in den Niederlanden
1. Mai 2005	Erste Schritte zur Vesöhnung durch gemeinsame Erklärung von VAC und NAK in der Schweiz
Mai 2005	Beschlusspapier zur Sakramentenlehre
Juni 2005	Einführung des neuen Gesangbuches „Singt dem Herrn“
2. - 4. Juni 2005	2. Besuch und Seminar über „Charismen“ von Dr. Albrecht Schröter bei der VAC in der Schweiz
25. Juni 2005	Studientag mit Vertretern verschiedener apostolischer Gemeinschaften an der Martin-Luther-Universität in Halle
August 2005	Einführung der ökumenischen Version des Apostolikums als Glaubensbekenntnis
12. - 23. August 2005	internationale Apostelversammlung im Saarland und in Ludwigsburg, Baden-Württemberg
1. Oktober 2005	Apostel Vanathaian (Indien) plötzlich verstorben
15. November 2005	Aufnahme der Apostolischen Gemeinschaft als Gastmitglied in die ACK Bayern
1. Januar 2006	Die Organisation der süddeutschen Gemeinden wurde neu strukturiert. Der Apostelbezirk Stuttgart wurde in "Apostelbezirk Süddeutschland/Saarland" umbenannt. Er besteht jetzt aus den zwei Bezirken "Süddeutschland" (früher Bezirke Nürnberg und Stuttgart) und "Saarland" (früher Völklingen). Im süddeutschen Bezirk wurden drei Regionen gebildet, um die Zuammenarbeit der Gemeinden regional zu stärken.
22. Januar 2006	Priester Christoph Kadner wird zum Ältesten für den Bezirk Süddeutschland ordiniert.
12. März 2006	Ruhesetzung von Apostel Volkmer in Dresden, Ordination des Ältesten Gert Loose zum Bischof – Apostel Knauth (Duisburg/Norddeutschland) übernimmt die Betreuung der ostdeutschen Gemeinden im neuen Apostelbezirk Nord-Ost

19. - 26. März 2006	ProChrist mit Beteiligung unserer Gemeinden Berlin, Dresden, Duisburg, Düren, Düsseldorf, Essen, Greiz, Görlitz, Hamburg, Köln und Radeberg
30. Mai 2006	Treffen zwischen VAG und NAK in Zürich, Beschluss eine gemeinsame Historikerkommission zur Geschichtsaufarbeitung einzusetzen
2. - 5. Juni 2006	internationale Jugendtagung in Fiesch unter dem Motto „Simply the Best“
27. Oktober 2006	Freistellung von Apostel Lieberth von Bezirksverantwortung, er erhält den Auftrag, Projekte und Maßnahmen zur dringend notwendigen Opfer- und Gemeindeentwicklung vorzubereiten und zu begleiten
November 2006	Neugliederung der Apostolischen Gemeinschaft in drei regionale Apostelbezirke: Nord, Ost und West-Süd
November 2006	Einführung des protestantischen liturgischen Kalenders für die Textworte zum Gottesdienst zum Beginn des neuen Kirchenjahres
19. November 2006	Ordination des Ältesten Ulrich Hykes zum Bischof für den Apostelbezirk West-Süd
26. November 2006	Ordination der 1. Diakonin im Bezirk Süddeutschland für die Gemeinde Schweinfurt
21. Januar 2007	Unterzeichnung der Charta Oecumenica durch die Apostolische Gemeinschaft in Köln
17. - 22. März 2007	Europäische Apostelversammlung in Kevelaer
1. Juni 2007	Apostel Schaeffer (Frankreich) übernimmt die geistliche Betreuung der saarländischen Gemeinden, diese verbleiben jedoch organisatorisch bei der Apostolischen Gemeinschaft
3. Juni 2007	Ordination der 11. deutschen Diakonin in Völklingen für die Gemeinde Saarbrücken durch Apostel Schaeffer
23./24. Juni 2007	Seminar zur „Freude am Hause Gottes“ und 3. Gottesdienst mit Dr. Albrecht Schröter in Kölliken, Schweiz
1. Juli 2007	Bischof Gert Loose wird in Netzschkau zum Apostel für Ostdeutschland ordiert
29. Juli 2007	Ordination der Diakonin Ineke Ras aus der Gemeinde Enkhuizen (Niederlande) als erste Priesterin durch Apostel Den Haan

4. November 2007	Apostelversammlung in Düsseldorf
4. November 2007	Ordination des Hirten Armin Groß zum Apostel für den Bereich West-Süd
14. November 2007	Aufnahme der Apostolischen Gemeinschaft als Gastmitglied in die ACK Sachsen
4. Dezember 2007	Info-Abend der NAK zur Geschichte von 1938-55 und daraufhin Abbruch der gemeinsamen Gespräche seitens der VAG
28. Dezember 2007	Apostel Kindler (Schweiz) verstorben
9. – 12. Mai 2008	Gesamtdeutscher Jugendtag in Hamburg
12. Juli 2008	„privates" Treffen von Zeitzeugen und Kirchenleitern zwischen NAK und VAG in Düsseldorf
9. November 2008	Ruhesetzung von Apostel Baron im Düsseldorfer Boston-Club